누구나 쉽게 따라하는 타로 입문서

타로 카드 길잡이

누구나 쉽게 따라하는 타로 입문서

타로 카드 길잡이

칼리 지음

1판 1쇄 발행일/2001년 6월 15일
1판 9쇄 발행일/2004년 9월 5일

펴낸이/류희남
만든이/권미경, 최지니
펴낸곳/물병자리
출판등록일(번호)/1997년 4월 14일(제2-2160호)
주소/110-070 서울시 종로구 내수동 1번지 대성빌딩 711호
대표 전화 (02) 735-8160/팩스 (02) 735-8161
홈페이지/www.mbage.com
e-mail/mb@mbage.com

ISBN 89-87480-37-2 03180

누구나 쉽게 따라하는 타로 입문서

타로 카드 길잡이

칼리 지음

물병자리

꼭 외워둘 타로 카드 9가지 상식

우리가 흔히 알고 있는 타로 카드의 진실은 타로 카드가 점을 치는 도구라는 물건에 대한 정의뿐이다. 일단 타로 카드가 무엇인지 일반적인 학설만을 근거로 요약하면 다음과 같다. 다음의 9가지 상식은 꼭 외워두자!

1 타로 카드는 22장의 메이저 카드만으로 구성되거나, 22장의 메이저 카드와 14장씩 4개조의 마이너 카드로 짜여져 있다. 일반적으로는 78장으로 구성되어 있으며, 주제를 가지고 그려진 카드 세트이다.

2 22장의 순서는 3가지 종류가 있다. 마이너 카드에서도 슈트의 순서가 타로 카드의 종류에 따라 달라지긴 하지만, 모던 타로를 기준으로 메이저 카드는 0번으로 시작하여 21번, 코트 카드는 왕, 여왕, 기사, 소년의 순서가 일반적이다. 클래식의 경우에는 0번 카드를 마지막으로 두거나 20번과 21번 사이에 둔다.

3 덱(Deck)이라는 명칭은 카드 한 벌을 나타내는 일반적인 명사이다.

4 타로 카드(Tarot Card)라는 이름의 유래는 일반적으로 토라(Tora)에서 시작되었다고 알려져 있다.

5 타로 카드는 당시 유럽에 퍼져 있던 카드 게임에서 시작되었다. 이 점 때문에 트럼프가 기원이라는 설이 이야기되기도 하나, 트럼프에 원형을 제공한 것은 타로 카드이다.

6 현재 타로 카드의 상징은 17세기 마르세이유 타로에서부터 복합, 다양화되었다. 이때 동양적인 사상이 추가되었다.

7 타로의 원전이 무엇인지는 아무도 알 수 없으나, 초기 타로 카드가 동양 문화와 유사점을 보이는 부분으로 인해 대부분의 학자는 초고대 문명설을 예로 든다. 원시부족문화로부터의 문화적 동질성이 동양적으로 느껴질 수 있다는 것.

8 셔플이라는 말은 섞는다는 뜻의 단어이다. 일반적으로 영·미 유럽권에서 리플릿(카드 꺾기)을 하는 경우가 많은데, 이것은 한 카드를 장기간 사용하지 않기 때문이다.

9 타로 카드는 점을 치는 카드이다. 마법적인 용도로 사용하는 경우는 일반적이지 않다.

서 문

　타로 카드는 어디에서 시작되었을까? 그것은 전세계의 점술가들 중 약 20퍼센트를 차지하는 카드 점술가들은 물론, 타로 카드에 입문하려는 많은 사람들이 가지는 수많은 질문 중의 하나이다. 본 책에서 저자는 여러 가지 학설에 대해 충분한 자료를 제공할 것이며, 타당하지 않은 이론에 대해서는 반박을 아끼지 않을 것이다. 그 중 무엇이 가장 마음에 와 닿는지는 독자가 선택할 일이다.

　내게 타로 카드는 13년 동안 유일하게 변하지 않는 연구 대상이었다. 타로 카드는 내가 태어나기 전부터 세상에 있었고, 일년에 수십 종씩 발매되는 타로 카드를 모두 찾아 보는 것은 인터넷이 지금처럼 발달하지 않았던 당시에는 무척이나 힘든 일이었다. 당연히 스승도 없는 상태에서의 공부는 무척이나 더디게 진행될 수밖에 없었다. 솔직히 터놓자면 처음 6년 동안 공부한 분량은 현재 한두 달 분량의 공부보다도 적다.(당시 14세였던 것을 감안한다면 영어의 장벽과 싸우는 일이 그리 쉽지는 않았다.) 인터넷으로도 타로 카드를 얼마든지 구입할 수 있게 되었으니, 지금은 아주 편안하게 공부를 하고 있는 셈이다.

　몇 년 동안 헤지도록 만지던 타로 카드를 놔두고, 새로 장만한 것은 얼마 전의 일이다. 외국까지 안 가도 타로 카드를 구입할 수 있는 현재의 타로 카드 유저들에게는 부러움을 표하고 싶다. 당시에는, 지금은 흔해 버린 약칭 유니조차 없어서 이름도 고색 창연한 에노일 가발트(Enoil Gavalt)라는 회사의 히브리어와 상징으로 가득 찬 이집트 언어를 공부하였다.(히브리어를 공부한다는 한 마디에 기독교 신자였던 어머니는 찬성을 표하셨다.

타로 카드가 원인이었다는 걸 아신다면 뭐라고 말씀하실까?)

요즈음 타로 카드를 공부하는 유저들의 변화는 참으로 바람직하다. 중학생 남짓한 소년소녀들이 사전을 하나하나 찾아가며 메뉴얼을 번역하는 모습은 번역의 내용은 둘째치고 그들의 노력에 박수를 치게 한다. 그전에는 한글 메뉴얼을 구하느라 동분서주하거나 라이더 웨이트 타로의 메뉴얼로 다른 카드를 해석하고자 했다.

그러나 요즈음의 새로운 유저들은 각기 개성 있는 카드들을 이해하고 그 자체를 느끼려고 하거나, 차라리 메뉴얼을 무시하고 스스로 상징을 읽어 내려고 노력한다. 이것은 미국에서도 새로운 방법으로 여겨지고 있으며, 이런 점은 타로 카드의 불모지처럼 여겨지고 있는 한국이 오히려 몇 년 후에는 더 크게 발전할 수 있는 주춧돌이 될 것이다.

14세에 시작한 타로 카드가 올해로 이제 만 13년째에 접어들었다. 13년 동안의 이야기 중에서 가장 감동을 주었던 3가지의 타로 카드. 비스콘티 스포르자(Visconti Sforza) 타로와 마르세이유(Marseille) 타로, 그리고 메디발 스카피니(Medieval Scapini) 타로에 관한 이야기를 하려고 한다. 물론 이와 비교되는 타로로 유니버설 웨이트(Universal Waite) 타로와 라이더 웨이트(Rider waite) 타로를 선택하였다.

시작은 비스콘티였지만 라이더, 흔히 웨이트 계열이라는 이름까지 만들었던 약 100년의 역사를 가진 라이더 웨이트와 그 센세이셔널을 철저히 무시하며 뒤늦게 전통을 지키고자 뛰어들었던 메디발 스카피니와의 비교는 상당히 흥미로운 작업이었다. 그 흥분과 재미가 독자들에게 그대로 전달된다면 저자는 책을 쓴 보람을 느끼게 될 것이다. 이 책에서는 편의상 3가지 타로의 메뉴얼적인 해석을 사용하였지만, 되도록 스스로 만든 자신만의 메뉴얼을 만들어서 사용하길 바란다.

많은 사람들이 메뉴얼과 자신의 느낌 사이에서 혼란스러워 한다. 저자 또한 지금도 가장 고민하는 문제 중의 하나이다. 참고로 이야기하자면 저자는 항상 스스로의 느낌에 한 표를 던진다.

타로 카드는 사람들에게 많은 이야기를 하지만, 그것을 제대로 깨닫는 사람은 많지 않다. 당신이 타로 카드의 언어를 읽고자 한다면 최소한의 공부가 필요하다. 이 책은 그 최소한의 공부를 위해 당신에게 정보를 제공해 줄 것이다. 하지만 경고한다. 사람의 말은 힘을 가진다. 이 책을 끝까지 읽기 전에 당신이 타로 카드에 대해서 평가를 내린다면 당신은 큰 손해를 보게 될 것이다.

타로 카드를 읽는 방법에 있어서 선입견을 가지는 것은 장님이 타로 카드를 보는 것보다 결코 더 나은 결과를 얻을 수 없다. 한 가지 더, 카드를 읽는 방법은 사람마다 다를 수 있다. 타로 카드에서 가장 중요한 예의범절은 남의 해석 방법을 존중하는 것이다. 이 책이 자신의 방법과 다르다거나, 자신의 방법이 더 옳다고 느낀다면, 자신의 방법을 사용하는 것이 가장 좋은 방법이라는 것을 미리 말해둔다. 하지만 다른 사람의 방법을 구경하는 것도 공부에는 도움이 될 수 있으므로 이 책을 미리 덮어 버릴 필요는 없을 것이다.

2001. 5. 30.
칼리

제 1 장

타로 카드의 기원

타로 카드의 기원을 만나기 전에

타로 카드의 역사를 만나기 전에 우리는 고대 문명설에 관한 기본적인 이해가 있어야 한다. 수많은 고대 문명학자들은 기원전·후를 넘나들며 수많은 학설들을 제시하였고, 연구가 계속될수록 역사는 점점 더 이전으로 거슬러 올라가고 있다. 심지어 확인되지 않은 미지의 대륙 뮤 혹은 아틀란티스에까지 이르는 문명의 기원설까지 이르는데, 상당히 복잡하고 이해하기 어렵다.

그러나 우리는 타로 카드를 포함한 모든 점복술(점을 치는 모든 방법, 주역이나 산판점*에서부터 트럼프나 타로 점까지)의 역사와 발전과정이 인간문명의 발전과정과 유사하다는 점에 주목해야 한다. 실제로 문명의 발전과 점복술의 발전은 동일한 단계를 밟아나가고 있다.

점복술은 원시 제례의식에서 비롯되었고 문자(혹은 그림문자)나 사회를 이루어 생활하는 방식의 변화도 비슷하게 진행된다. 대부분의 학자들은 문명이 발달할수록 영적인 힘이나 점술에 집착하게 되고, 이를 계기로 점복술 또한 많은 발전을 이루게 된다는 이론을 통해 설명하고 있다. 실제로 우리는 산업혁명이나 문명이 고도로 발달한 시기에 정신문명에 대한 깊은 고찰이 이루어졌음을 여러 역사서들을 통해 확인할 수 있다.

사람은 가장 기본적인 의식주의 문제가 해결되지 않을 때 자연에 대한 두려움을 점복술을 통해 해결했다. 문명이 발달한 지금은 사회에 대한 소외감, 경쟁체제에 대한 두려움을 점복술을 통해 해결하고 있다. 어떤 사회 상황에서건 사람을 마음 편하게 해주었던 것은 종교와 함께 점복술이었다.

물론 타로 카드의 역사에는 여러 가지 학설이 있다. 처음 타로의 유형을

---

* 제주도 무속의 무점구(無占具)인 산판으로 치는 점. 상잔은 작은 놋쇠 술잔이고 산대는 접시 모양으로 된 잣대로, 산대 위에 천문 2개와 상잔 2개를 올려 놓은 것을 산판이라 한다.

가지고 있다고 생각되는 카드만 해도 샤를 6세 카드부터 시작해서 약 10종 정도가 있다. 그 중에 진짜 타로의 원형을 가지고 있던 카드가 어떤 것인지는 1장에서 10장 미만 정도만 남아 있어 현재로서는 알 길이 없다.

그나마 적당히 남아 있는 카드들을 생각한다면 일단 1460~1470년경 제작된 만떼냐(Mantegna) 정도이다. 각 조는 물, 불, 바람, 흙, 영혼의 힘을 상징하며 각 10장씩 구성되어 있다. 실제로 타로 카드의 구성도 크게 5개의 조로 나눌 수 있고, 각 마이너 카드의 조합은 물, 불, 바람, 흙에 대응하기 때문에 타로 카드가 인간의 정신세계와 삶을 표현한다는 것은 지나친 억측이 아니다.

일반적인 학설과 미확인 학설

일반적인 학설로는 타로 카드의 원형이 무엇인지는 확실하지 않다. 역사적 사실만을 살펴본다면 원형으로 알려진 비스콘티 스포르자(Visconti Sforza) 타로가 제작될 당시, 프랑스의 황제였던 샤를 6세가 도박금지 칙령을 선포한 역사적인 사실에서 찾아볼 수 있다.(실제로 타로 카드로 추정되는 샤를 6세 카드도 이때 제작된 것으로 알려져 있다.) 이것으로 14세기 당시 영·미 유럽권에 게임용 카드가 있었다는 것을 추정할 수 있다. 그러나 13세기 프랑스에서 제작된 것으로 알려진 게임용 카드의 모습은 비스콘티 스포르자 타로처럼 귀족의 모습을 담고 있어, 이미 13세기 이전에 타로와 유사한 형태가 존재했음을 증명하고 있다.

미확인 학설로는 타로 카드의 아시아 유래설이 있다. 실제로 역경(易經, I-ching)의 음양원리를 타로 카드에 응용하는 사례는 모던 타로*부터 흔히 사용되는 기법이 되었고, 17세기 이후(이집트 문명설, 동양 문명설이 프랑스 신비주의 학자들에 의해 제창된 이후)의 타로들만 본다면 우리 눈에 낯설지 않은 음양태극이나 고려시대의 의상과 비슷한 의상을 볼 수 있다.(오즈월드 타로와 마르세이유 타로의 고위 여사제 카드.)

2 고위 여사제 오즈월드

2 고위 여사제 마르세이유

---

* 라이더 웨이트 타로 이후의 현대식 타로 카드. 히브리어와 점성술, 주역을 혼용하여 표기하는 경우를 흔히 볼 수 있다. 마이너 카드에 인물을 넣게 되면서 주제를 좀더 선명하게 표현할 수 있게 되었다. 그 후, 그림체와 기법이 다양하게 제작된 타로를 통틀어 '모던 타로' 혹은 '현대식 타로' 라고 부른다.

아시아 유래설

타로 카드는 이미 13세기부터 있었으며 유럽권에서 각자 대륙별로 발전되어 독일의 타로크(Tarok), 프랑스의 따로(Tarot), 이탈리아의 타로끼(Tarocchi) 등의 이름으로 형태가 완성되었다. 형태의 완성은 15세기, 17세기 등으로 각각 다르다.

여기서 체스, 트럼프의 기원이 장기와 유사하다는 점에서 나온 인도기원설을 살펴볼 필요가 있다. 인도의 차투랑가*라는 놀이에서 장기, 체스, 타로 카드, 트럼프가 유래되었다는 설이 현재로서는 가장 유력하다.

차투랑가의 놀이 방법과 말의 모양이 장기와 체스로 이어졌고, 계급과 구성 개념은 트럼프와 타로 카드로 이어졌다는 견해가 일반적이다. 이때 타로 카드는 귀족·왕족의 놀이 도구로 사용되어 거의 수제품으로 만들어졌다. 반면, 트럼프는 산업혁명 이후 대량 생산을 통해 게임용 카드로 활용되었다.

실제로 유럽에서는 타로 카드와 트럼프를 혼용하여 타로(Tarot)라고 부르는 경우가 있어, 타로 카드의 역사에 대한 자료를 번역하다 보면 오역하는 부분들이 생기게 된다.(물론 지금은 카르테[Carte])라고 분리하여 부른다.) 게다가, 우리 나라에는 트럼프가 타로 카드보다 먼저 유입되었기 때문에 타로 카드 자체가 트럼프에서 나왔다고 하는 경우도 있다. 그러나, 확실한 것은 국제적인 트럼프의 설명서에 17세기 전후로 트럼프가 제작되었다고 명시되어 있다는 사실이다.

트럼프는 프랑스에서 시작되어 다시 이태리권으로 유입되었고, 타로 카

---

* chaturanga, AD 600년경에 있었던 아슈타파에서 시작. 차투랑가는 고대 인도어인 범어(梵語)로 'chatur'는 넷(四, four), 'anga'는 원(員, member)의 뜻이다. 4원(四員)이란 군대의 구성원을 뜻하며, 상(象, elephants), 마(馬, horses), 차(車, chariots), 보졸(步卒, foot-soldiers) 등을 의미한다.

드는 15세기를 전후하여 이태리·유럽권에서 탄생하여 17세기에 프랑스로 넘어가게 된다. 서로 영향을 준 것은 사실이지만 표준이 정해진 것은 타로 카드이다.

타로 카드의 역사를 거슬러 올라가려면 일단 2가지의 기본 원칙에 맞는지 확인해 보아야 한다. 계급주의와 선악 개념이 그것이다. 현재의 타로 카드는 3×7＋1장으로 구성되어 있는데, 이것이 종교적인 삼위일체를 이야기한다는 설이 있다.

일단 차투랑가는 인도의 카스트 제도(인도사회 특유의 신분제도)를 담고 있으며 왕족과 귀족들이 즐기는 놀이로 주로 왕자들에게 전쟁에서 이길 수 있는 전술을 익히거나 통치술을 가르치는 데 사용됐다고 한다. 타로 카드도 초기에는 어린 귀족들의 교육용으로 사용되었다는 설이 있다. 내용 중에도 비슷한 내용을 찾을 수 있는데 타로 카드의 구성이 왕·귀족·신하·평민으로 구성되는 중세사회를 그대로 보여주고 있다는 점이다. 차투랑가 또한 코끼리 부대는 왕족, 기마 부대는 귀족, 전차 부대는 중인, 보병은 평민 또는 노예 계급이었다고 한다. 중세의 귀족사회도 인도의 카스트 제도에서 유래되었다고 하니 결국 우리가 찾아야 하는 타로 카드의 기원은 인도가 종착점일지도 모르겠다.

18세기 프랑스 신비학자 쿠르 데 제블랭이 이집트 기원설*을 제창함으로써 아시아 유래설에 알맹이를 더하였다. 실제로 17세기 제작된 마르세이유 타로는 주역을 담고 있다.

---

* 타로 카드의 22장의 장수부터 상징이 모두 이집트에서 왔다고 주장. 게블린의 이집트 기원설이라고 부른다.

타로 카드의 대중화 — 산업혁명 이후

인쇄 기술이 자리잡기 시작한 산업혁명 초기 17세기에 태어난 마르세이유 타로는 화려한 색깔을 사용하지 않고 일정한 색깔을 가지게 된다. 수제품에서 벗어나 기계의 도움을 빌려서 제작되었기 때문이다. 대중화가 될 수 있는 첫 번째 조건, 즉 대량제작이 가능해진 타로 카드는 대중화의 길을 걷게 되었다. 타로 카드가 처음 대중에게 유행하기 시작했을 때 일반 노동자들이 점술에 빠져드는 일이 발생하게 되자, 교회에서 나서서 평일에는 점을 칠 수 없도록 제한하였다. 1396년에 프랑스의 샤를 6세는 도박금지 칙령에 따라 게임 카드의 사용이 금지되기도 했었다. 하지만 28년이 지난 후, 파리의 1424년 1월 22일 칙령에서 프레보(Prevot)는 주말에는 노동자들로 하여금 테니스 게임이나 공놀이 그리고 카드와 나인핀 게임 등을 즐길 수 있게 하였다.*

카드 게임이 일반적으로 통용된 것은 14세기 중반 이탈리아에서였다. 좀 더 난해하고 상징적으로 표현되어 있는 메이저 카드 22장에 마이너 카드 56장이 새로 만들어져, 78장으로 된 타로 카드가 처음 출현하게 되면서이다.

현존하는 타로 카드 중 가장 오래된 것은 15세기에 제작된 비스콘티 스포르자 타로이다. 다만 비스콘티는 분실된 4장의 카드를 다시 그려 넣었고, 다시 색칠한 카드들도 있다. 이것을 감안한다면 현재 원본이 남아 있는 것은 프랑스 국립박물관에 보관되어 있는 마르세이유 타로가 가장 오래된 타로 카드라고 말할 수 있다.

타로 카드는 처음에는 룬 문자와 같이 상징만으로 구성되었다는 설과, 당시의 계급을 그대로 드러내고 있다는 점에서 귀족 자녀들의 교육용으로

---

* 이 때문에 타로는 일요일만 해야 한다는 이야기가 생겨나게 되었다.

제작되었다는 설 등 여러 가지가 있지만, 정설로 알려진 가장 최근(15세기 전후반의 이야기)의 이야기를 여러분께 알려드리고자 한다.

제 2 장

타로 카드의 역사

타로 카드의 시작은 15세기

15세기 초 타로 카드는 지금과는 다른 방식으로 사용되었다. 알려진 대로라면 점술보다는 귀족들의 놀이로서 사용되었다. 현재로서는 원형이라고 말할 수 있는 78장을 보여주는 최초의 타로는 비스콘티 스포르자 타로이다.(물론 이외에도 타로라고 추측되는 여러 가지 카드들이 보여지고 있으나 20장 미만만이 발견되고 있다. 그래서 당시에는 타로가 22~24장으로 구성되어 있다는 가설이 발표되었다.) 현재까지 변하지 않고 이어진 메이저 카드 22장과 마이너 카드 56장의 구성을 기본으로 역사를 살펴보도록 하자.

귀족들의 풍류로 시작된 타로 카드

타로 카드는 비스콘티 타로 당시만 해도 현재처럼 점술용 카드로 쓰이지 않았다는 해석이 일반적이다. 다만 카드 자체가 귀했고, 귀족들의 놀이용으로 사용되었다는 것 자체가 일반인들에게 퍼지면서 신비감이 더해졌다. 타로 카드는 16세기 말부터 점술용으로 변해갔으며, 당시의 놀이는 현재의 포커 등 트럼프 놀이와는 전혀 달랐다고 한다. 당시의 귀족들은 표현 놀이를 즐겼다는 문헌에 비추어 볼 때 타로 카드는 이를 위한 도구가 아니었을까 하는 추측을 불러일으킨다. 17세기가 되자 타로 카드는 프랑스로 전파되었다.

프랑스의 17세기는 오컬티즘과 이집트적인 성향이 무척이나 강한 시대였다. 따라서 타로 카드는 프랑스로 건너가면서 이집트적인 신비주의 이론을 포함하게 된다. 당시까지만 해도 히브리어나 점성술적인 표현이 첨가되지 않았던 타로 카드는 프랑스의 오컬티스트들에 의해 새옷으로 갈아입게 된다. 이때부터 각 카드와 각 궁도의 비교, 보석과의 대응 등이 시작되었다. 현재의 카발리즘과 타로 카드의 대응은 프랑스의 오컬티스트들이 노력한 결과물이다.

당시의 사람들은 이미 점술화되어 있던 타로 카드가 고대 이집트에서 비롯된 전통을 담고 있다고 생각했다. 따라서 체계화되어가고 있던 이집트 관련 학문과 타로 카드를 섞어 새로운 타로 카드, 작자 미상의 마르세이유 타로 카드를 만들어낸다. 타로 카드의 이집트 기원설은 이때부터 정설로 자리잡게 된다.(아쉽게도 비스콘티 스포르자 타로만 보아도 이집트의 영향을 받지 않았다고 할 수 없다. 17세기 초부터 이집트와 연관지어 해석해 왔으므로 이것을 제외하고 설명한다는 것은 상당히 어렵다.)

타로 카드의 대중화 — 점술용·놀이용으로 발전

비스콘티에서 마르세이유로 이어지는 300년 동안 타로 카드는 일부 사람들에게만 알려져 있었다. 처음 시작이 귀족의 풍류였기 때문인지 귀족사회에서 평민사회로 변화하기 시작할 즈음 대중화의 길을 걷는 듯 했으나 그것도 잠시, 타로 카드는 이야기 속으로 사라져 갔다. 잊혀져 가는 타로 카드를 대중에게 이끌어낸 것이 바로 프랑스의 그랜드 에틸라이다.

17세기에 이르러 타로 카드는 프랑스로 건너와 새로운 개념을 통해 점술용의 마르세이유와 놀이용의 트럼프로 나뉘게 된다.* 이때까지의 타로 카드는 귀족을 그린 비슷비슷한 이미지와 귀족생활을 나타내는 완즈(창), 소

---

* 트럼프는 일본과 한국에서만 사용하는 이름이다. 본 명칭은 게임용 카드(Playing Card)이며, 뉴 타로(New Tarot)라고 부른 사람들도 있다고 한다.

드(칼), 컵, 펜타클(방패)의 마이너 카드를 가지고 있었다.

타로 카드의 22장은 그들이 생각하는 계급과 흡사하였다. 17세기 계급이 무너지고 불안했던 프랑스 사회에서 타로 카드는 미래를 볼 수 있는 도구로 극찬을 받았다. 당시의 무너지는 계급사회와 귀족에 대한 멸시를 나타낸 것이 우리가 항상 제일 처음 보게 되는 0번 광대 카드이다.

마르세이유 타로는 오컬티즘을 플러스했다는 것과 함께 0번 카드의 형태를 제안한 것으로 유명하다. 이전에는 일반적인 의상이나 걸인의 옷을 입고 있던 0번 광대 카드는 마르세이유부터는 광대의 의상과 복선으로 깔리는 위험(개, 고양이, 혹은 뱀, 심지어는 악어로 표현되어 있다.)을 포함하게 되었다.

살아 있는 표정의 마르세이유 타로

마르세이유 타로는 오컬티즘과의 결합으로도 유명하지만 등장인물의 표정이 다양하다는 것으로도 유명하다. 첫 세대격인 비스콘티 타로의 경우 인물의 표정은 마치 무대 위의 연기자를 보는 듯 자연스럽지 않았다.

정통 타로의 마지막 세대로 가는 길목에서 마르세이유는 인물들의 자연스런 표정을 통해, 그림을 통해 뜻의 해석이 가능하게 해주었다. 또한 자유롭게 사용하던 색깔을 7가지 색상, 즉 검정색 · 감청색 · 살색 · 빨간색 · 하늘색 · 금색 · 흰색 등으로 통일시키는 원칙을 세운 것도 마르세이유부터 시작되었다. 현대 타로의 기본틀을 잡은 것은 프랑스인 오컬티스트들과 마르세이유 타로라고 할 수 있다.

그후의 고전 타로들을 살펴보면 이러한 원칙에 따라 7가지 색깔을 사용하여 차분한 분위기로 나아간 것을 느낄 수 있다. 물론 타로의 생산량이

늘어나기 시작하면서 생산성을 높이기 위해 7가지 색깔을 사용했다는 설도 있다. 유화풍으로 여러 가지 색깔을 덧입히는 작업으로는 생산성이 낮았기 때문이다.

에틸라 카드, 정·역 개념을 도입하다

에틸라는 타로 카드를 점술 자체로 인정한 프랑스의 수많은 오컬티스트 중의 한 명이다. 그는 3개의 타로 카드를 출판*하였음은 물론, 카드 해석에 있어서 상당한 고민거리인 정·역의 개념을 만들어낸 사람이다.

그녀는 이집트 학문에 정통한 오컬티스트였고 전공대로 이집트의 개념을 넣어 새로운 카드를 만들어냈다. 당시로서는 생소한 정·역의 개념을 제안하였다. 현대의 라이더 웨이트 타로만큼이나 충격적이었던 이 이론은 현재까지 정설로 받아들여지고 있다. 물론 일부에서는 이 이론이 이집트에서 시작된 만큼 대부분의 카드에서 정·역을 구분할 필요는 없다고 이야기하기도 한다.

고전의 마지막 카드, 오즈월드 타로

1889년에 처음으로 오즈월드(Oswald Wirth)는 히브리어의 알파벳과 22장의 타로 카드를 대응하였다. 오즈월드 타로는 마르세이유를 기준으로 당시 유행하던 타로들을 종합 정리하여 만들어졌다. 물론 0번 광대 카드는

---

* 상당수의 타로 카드의 모형이 되는 에틸라의 타로 카드는 현재도 로 스카라베오(Lo Scrabeo, 이탈리아의 타로 덱 전문 출판 회사)를 통해 판매되고 있다.

광대의 의상과 어눌한 표정, 다리를 물고 있는 고양이 등 모든 광대 카드의 상징이 포함되어 있다. 1번 카드인 마법사 또한 화려한 의상과 탁자 위에 놓인 4개의 상징(모던 타로와 거의 일치하는), 즐거운 표정(혹은 자만심의 표정)을 포함하고 있다. 우리가 오즈월드에서 주의해야 할 부분은 2번 카드 고위 여사제이다. 우리가 알고 있는 카드들과 완전히 다른 그녀의 의상과 손에 든 책을 눈여겨 봐야 한다.

눈에 익은 마크는 분명히 음양태극이다. 그녀는 모던 타로의 고위 여사제 카드에서는 사라진 열쇠를 오른손에, 왼손에는 음양태극이 그려진 책을 펼치려는 자세를 취하고 있다. 그녀의 의상은 몽골족의 의상이나 동양의 의상에 가깝다. 가슴 부분을 띠로 두른 가운은 고려시대의 의상과 유사하며, 머리에 쓴 투구 같은 관은 아래에 베일이 달려 있어 얼굴을 거의 가리고 있다. 18세기에서 19세기로 가는 세기말에도 동양사상이 유행했다고 하니 이를 증명하는 자료라고 생각된다.

우리는 오즈월드 타로의 21번 세계(Le Monde) 카드에서 웨이트의 원형을 볼 수 있다. 월계수로 이루어진 원 안에 천으로 몸을 가린 한 여성과 원 바깥으로 자리잡고 있는 천사, 독수리, 소, 사자의 상징은 웨이트의 21번 카드와 일치한다.

20번 구원(Le Jugement)의 경우도 마찬가지이다. 하늘에 나타나 나팔을 부는 천사와 벌거벗은 채 관에서 일어나 합장을 하며 구원을 맞이하는 사람들은 어디서 많이 본 듯하다. 18번 달(La Lune) 카드의 경우 역시 오솔길, 연못, 내려다 보는 달, 오솔길 양쪽에서 달을 향해 짖는 2마리의 개, 연못의 가재 등 같은 카드라고(가재가 좀 크다는 것 말고는) 착각할 정도이다. 그 외에도 22장의 카드 대부분이 모던 타로라고 불리우는 20세기의 타로들과 일치한다.

가장 현대적인 타로 카드, 라이더 웨이트 등장

20세기의 타로에서 가장 유명한 카드를 꼽는다면, 또 우리나라에서 가장 많은 사람이 가지고 있는 카드를 꼽는다면, 뭐니뭐니 해도 라이더 웨이트 타로와 유니버설 웨이트 타로 카드를 꼽을 수 있다. 사실 두 카드는 같다. 헨슨 로버트(Hanson Roberts)가 라이더 웨이트에 색연필로 채색을 가미한 것이 유니버설 웨이트이다.

무엇이 라이더를 그렇게 유명하게 만들었을까? 당시 점술가들의 활발한 활동을 이유로 드는 사람들도 있다. 그렇다면 점술가들에게 타로 카드가 많이 보급되었던 이유는 무엇이었을까? 하나의 가설이긴 하지만, 그것은 점술가들의 이미지 읽기에 있다.

당시의 점술가들은 상대방의 의상과 표정, 이름과 옷의 무늬에서 상징을 읽어내어 상대방의 마음을 읽는 이미지 리딩(Image Reading)에 골몰하고 있었다. 타로의 마이너 카드는 이 이미지 리딩이라는 유행에 부합되기 힘들었다.(이 부분은 현대의 유저들에게 비스콘티계의 클래식 타로들을 멀리하는 원인 중의 하나이다.)

메이저 카드는 이미지 읽기가 상당히 능률적이었으나, 마이너 카드는 외워야만 하는 단점이 있었다. 따라서 타로 카드보다는 포천텔링(Fortune Telling)과 오라클(Oracle)로 알려진 그림 카드들이 당시의 점술가들의 인기를 끌었다.

아서 웨이트는 이런 점을 간파했었는지, 아님 우연이었는지 마이너 카드의 상징들을 의인화시켜 새롭게 제작해내는 데 성공했다. 이는 타로 카드의 현대화와 대중화에 한 획을 긋는 엄청난 사건이었으며, 수많은 점술가들은 타로 카드를 새롭게 공부하기 시작했다. 점술로서 상당한 적중력과 친화력은 물론, 오컬티즘과 카발라의 절묘한 조합이었던 타로 카드는 일대

혁명처럼 사람들에게 파고들었다.

　그 이후로 새로운 느낌의 카드들이 물밀듯이 쏟아져 나왔고, 인쇄기술의 발전에 힘입어 다양한 재질과 다양한 기법의 타로 카드들이 나오게 되었다. 우리는 마이너 카드에 인물을 넣은 라이더 웨이트 타로와 흡사한 카드들을 현재 웨이트 계열이라고 부른다. 물론 지금은 마이너에 인물을 넣는 것이 매우 일반화되어 있다.

제 3 장

타로 카드에 대해 꼭 알아야 할 상식들

타로 카드란 무엇인가

타로 카드 유저들이 학교에서 멀리 하던 영어공부를 하고 히브리어나 카발라(Kabbalah)*까지 연구하는 것은 타로 카드의 매력 때문이다. 무서울 정도의 적중률과 고차원적인 느낌을 주는 장식들, 무슨 뜻인지 가늠하기 힘든 상징들은 유저들을 충분히 잡아끌 만하다. 그러나 간단한 메뉴얼을 열심히 번역하는 것만으로는 타로 카드를 이해한다는 것이 거의 불가능하다. 타로 카드의 매력에 심취한 유저들은 타로를 이해하기 위해 어려운 상징 관련서적을 읽거나 오컬티즘을 체계적으로 공부하느라 애쓰고 있다. 참으로 바람직한 일이다.

저자는 12년 동안 타로 카드를 이해하기 위해서 수많은 가설을 세웠다. 이미 잘 알려진 개념 중에서 두 가지를 뽑아 타로 카드가 무엇인가에 대해 이야기하고자 한다.

첫째, 타로 카드는 아카식 레코드의 개념으로 이해할 수 있다.

우리는 인터넷을 통해 자료를 공유한다. 인터넷은 동시 다발적으로 검색이 가능하며 수십 명이 한꺼번에 읽을 수 있고, 누가 읽고 있는지 아무도 알 수 없다. 회선의 느리고 빠름이나, 서버의 동시 접속자 제한을 제외한다면 아카식 레코드는 인터넷과 유사하다. 그러나 인터넷은 선택적인 자료들만 제공되지만 아카식 레코드는 비선택적으로 자료가 업데이트된다는 점이 가장 큰 차이점이다.

아카식 레코드는 전 인류가 태어나기 이전부터 세상 모든 것들에 대한 정보의 창고이다. 작게는 개개인의 뇌에 기록된 기록에서부터(혹자는 전생

---

* 중세 유대교의 신비주의.

까지도 인간의 뇌에 기록되어 있다고 말하기도 한다.) 크게는 지각변동까지를 모두 담고 있는 것이 아카식 레코드이다.

우리는 흔히 수많은 비물질적 커뮤니케이션을 모두 아카식 레코드의 개념으로 이해하고 있다. 서정범 교수의 많은 저서들에서도 만신과 일반인의 교감을 아카식 레코드의 개념으로 분석하고 있다.

예를 들어 타로 카드로 점을 칠 때 우리는 메뉴얼대로의 해석이 아니라 이미지 리딩(Image Reading)이라는 기법을 사용한다. 메뉴얼대로 'A=B'라고 해석하지 않고, 그때그때마다 변화하는 해석을 하게 되는 것이 이 아카식 레코드의 영향이다. 상대방에게서 정보를 읽어 내어 그것을 카드 해석에 이용하는 것이다.

한발 더 나아가 셔플을 통해 선택되는 타로 카드는 이 아카식 레코드의 출력에 해당된다고 정의할 수 있다. 우리는 뇌라는 좋은 도구를 통해 지식을 습득하고 발전시키지만 뇌를 통한 생각에는 한계점이 존재한다. 바로 선입견과 습관이라는 한계이다. 항상 보고 듣던 것은 일반적이라고 이해하지만 습관적으로 '아니다.'라고 판단되는 일에 대해서는 아예 출력을 거부해 버린다. 그저 '이상한 일이야.'라는 말로 치부해 버리고 마는 것이다.

언어를 통해 커뮤니케이션이 방해받는 일은 흔히 발생한다. 이 선입견과 한계를 극복시키는 것이 카드를 무작위 선택하는 것이다. 따라서 타로 카드는 아카식 레코드의 지혜를 사용하는 가장 좋은 방법이 될 수도 있다.

우리는 교감을 하고 있다. 애완동물과의 대화, 식물과의 교류, 날씨를 가늠하거나 짐작해 보는 것, 꿈을 통해 내일의 운세를 상상해 보는 것, 이 모든 것들은 우리의 상식이나 선입견과는 반대되는 것들이다. 타로 카드를 통해 미래를 보는 작업 또한 마찬가지이다.

타로 카드가 아카식 레코드의 사용방법이라면 주역이나 토정비결 등은 어떨까? 주역이나 토정비결 등은 아카식 레코드의 사용방법이라고 보기 힘들다.

타로 카드가 아주 복잡한 표로 이루어진 책에서 날짜와 시간만을 계산하여 찾아내는 것이라면, 주역이나 토정비결과 비슷할 수도 있다. 주역이나 토정비결 등은 통계학이다. 그러나 타로 카드는 통계학에 적용시키기에는 너무 많은 예외 규정을 가지고 있다.

둘째, 타로 카드는 무의식의 발현이다.

타로 카드를 사용하면서 정말 이해할 수 없지만 누구나 인정하는 부분이 하나 있다. 바로 셔플(Shuffle)하다가 튀어 나오는 카드의 적중률이다. 셔플을 하다가 튀어 나오는 카드들은 상당한 적중률을 보인다. 저자는 화가 치민 상태에서 카드를 셔플하면 항상 죽음 카드를 툭, 하고 던지듯이 보여 준다. 화내는 것을 중지하라는 뜻으로 해석하는 편이지만, 항상 죽음 카드가 나오는 것에는 신기함을 감출 수가 없다.

타로 카드 유저들에게는 그림자 카드(Shadow Card, 따라다니는 카드)가 존재한다. 이상하게도 어떤 점을 치든지 따라 다니는 카드, 혹은 카드를 처음 개봉했을 때 항상 나타나는 카드가 이 그림자 카드이다.

말도 안 되는 질문을 하거나 혹은 같은 질문을 지속적으로 반복했을 때 나타나는 공백 카드(Blank Card)*도 비슷하다. 왜 공백 카드는 원래의 확률대로 $79/1 \times 79/1 \times 79/1$의 확률로 나타나지 않고 더 많이 나오는 걸까?

메이저 카드보다 마이너 카드가 많이 나온다거나, 스프레드에 마이너 카드가 많이 나오는 등, 사람마다 약간의 차이는 있지만 대부분 이런 일들을

---

* 타로 카드를 처음 개봉했을 때, 제일 위에 있는 오픈 카드(Open Card)와 별도로 그림이 없는 카드를 공백 카드(Blank Card)라고 부른다. 뜻이 정해져 있지 않기 때문에 붙여진 이름이다.

경험해 보았을 것이다.(저자 같은 경우는 마이너 카드보다는 장수가 훨씬 적은 메이저 카드가 더 많은 빈도수를 가지고 출현한다.)

대부분의 점술가들은 메이저 카드가 마이너 카드보다 많은 빈도수를 가지는 것이 당연하다고 생각한다. 강한 뜻을 가지고 있기 때문에, 우리가 대화에서 '예', '아니오' 라는 극단적인 대답을 즐겨하는 것처럼 많이 사용된다는 것이다.

우리는 셔플을 하면서 머리로는 판단하지 못하지만, 손 끝으로, 그리고 느낌으로 어떤 카드를 선택할 것인가를 결정하고 추려낸다는 것이 무의식 반응론의 기본이다. 특히 스프레드를 사용하기 전 셔플 중에 튀어 나오는 카드들은 무의식적인 반응에 의해 선택된다는 것이다. 사람에 따라 다르지만 높은 적중률을 보인다. 결론적으로 타로 카드란 무의식의 발현을 위한 도구라고 볼 수 있다.

타로 카드와 주역은 어떻게 다른가

타로 카드는 점술보다는 사이코 메트리(Psycho Metry)*에 가깝다. 그림 속에 들어 있는 많은 사람들의 기억과 느낌을 읽어 나가게 되는 것이다. 상징과 숫자와 캐릭터를 통해 읽게 되는 많은 사실들을 통해, 주역이나 역술과는 달리 자신의 주관성이 배제되지 않는다는 차이점이 있다.

수많은 상징이 결합되어 있는 단 한 장의 타로 카드에서 어떤 상징을 선택하는가, 혹은 어떤 키워드를 읽어내는가는 타로 카드를 읽는 점술가의 몫이다. 이 때문에 타로 카드로 카운셀링을 할 때에는 상대방에 관한 자세

---

* 일반적으로 타인과 동일한 생각과 감정을 느낄 수 있는 동기감응의 일종을 말한다. 글, 소리, 장면 등 사이코 메트리의 발현은 다양한 방법에 의해 이루어진다.

한 자료가 필요하다. 읽어낼 수 없어서가 아니라, 상대방에게 이야기해줄 내용의 선택에 대해서 상담자가 자료를 제공해주어야 하는 것이다.

역술의 경우, 자신의 주관성을 철저히 배제하는 훈련을 받는다. 이 때문에 역술가가 타로 카드를 사용하게 될 경우, 역술을 바탕으로 카드를 해석하거나 먼저 배운 카드로 다른 카드를 해석하는 오류를 범하게 된다. 역술을 바탕으로 카드를 해석할 때 처음에는 아주 간단히 결과를 찾아내는 편리성을 맛보게 된다.

역술과 타로 카드 모두 오랫동안 내려온 점술의 방법이다. 신기한 일이지만 역술의 상징은 타로 카드에도 들어가 있다. 그러나 역술을 바탕에 두고 하게 되면 자신의 주관성이 배제되어 데이터 베이스 이외의 내용은 읽지 않게 된다. 다시 역술을 통해 나머지 부분을 읽어내게 된다. 물론 이 방법은 역술가들에게는 아주 친숙하고 쉽게 느껴질 것이다. 많은 역술가들이 이 방법을 사용하고 있다. 타로 카드와 역술이 똑같다면 이 방법 또한 효용성이 있을 것이다. 그러나 역술과 타로 카드는 발전과정과 사용대상에서 많은 차이를 보인다. 타로 카드는 태생부터 점술가를 위한 것이 아니라 일반 사람들을 위한 도구였다.

14~15세기의 타로 카드는 놀이도구였다. 몇 개의 사전에서 타로 카드는 '이탈리아에서 시작된 놀이용 카드. 현대에는 점술용으로 많이 쓰인다.' 라고 간단히 설명되어 있다. 처음에는 귀족들의 놀이도구에서 일반인의 놀이도구로 확산되면서, 그러한 많은 놀이들이 현재 점을 치는 스프레드로 변화되어 왔다.

역술은 수백 년 동안 쌓여온 데이터 베이스를 통해서 상대방의 일반적인 데이터를 뽑게 된다. 그러나 타로 카드는 수백 년 동안 사람들의 머릿속에 각인되어온 상징과 단어를 통해 상황을 자유롭게 찾아낼 수 있도록 만들어져 있다. 78장이라는 카드의 장수부터 카드의 구성, 카드 각 장에 들어가는 상징에 대한 이야기까지 이 모든 것들은 더해지고 바뀌어가면서 완성되어 왔다. 물론 현재의 타로 카드는 아직도 계량을 거듭해가고 있다. 본인은 역술보다 타로 카드를 선택했지만 어떤 것을 선택하느냐는 스스로가 결정할 일이다.

타로 카드를 대할 때, 꼭 기억해 둘 4가지 상식

첫째, 타로 카드는 분실하지 않도록 한다.

여러 차례의 연습을 통해 이미 익숙해졌을 이야기지만, 타로 카드의 22장 또는 78장은 하나로 연결되어 있다. 카드가 한 장 빠지면 이야기의 연결성은 마치 이 빠진 컵처럼 허전하고 보기 흉하게 된다. TRPG*에서도 마스터가 빠져 버리면 재미가 없는 법. 타로 카드는 모든 카드가 마스터이다. 잃어버리면 마스터 없이 진행되는 TRPG처럼 보기 흉하게 변해 버린다.

타로 카드는 한 장을 잃어버리면 다른 것들도 자꾸 사라져 버리는 속성이 있다. 이상하다고 생각할 수도 있지만, 한 장이 없어지면 관심이 덜 가게 되고 그러다 보면 나머지도 잃어버리게 되는 건 당연한 일이다.

둘째, 카드를 꺾거나 자르거나 낙서하지 않도록 한다.

카드를 셔플할 때 트럼프를 섞을 때처럼 일명 꺾기를 하는 사람들이 있다. 그러나 이것은 정말 주의해야 한다. 카드를 꺾으면 종이로 된 타로 카

---

* Table Roll Playing Game 또는 Talking Roll Playing Game의 약자로 롤 플레잉 게임의 일종이다. 노트, 주사위, 룰 북으로 진행되는 게임으로 AD&D와 D&D가 있다.

드는 휘어진다. 휘어지면 바닥에 깔고 손으로 섞었을 때 일정 카드가 항상 위쪽에 위치하거나 셔플할 때 일부 카드가 자주 튀어나오게 된다. 휘었으니 당연하다. 자르는 것도 마찬가지이다.

끝이 잘리거나 카드의 한 면이 긁혀 튀어나오게 되면 그냥 봐도 어떤 카드인지 구분이 가능하게 된다. 이러면 그 카드로 점을 치는 것은 불가능해진다. 낙서 역시 화면의 상징이 가려지므로, 그 상징은 해석에서 빠져 버리게 된다.

셋째, 타로 카드를 무시하는 행위 등을 삼간다.

점을 치는 행위는 존중과 신뢰에서 시작되어야 한다. 아무리 좋은 말을 듣더라도 그걸 믿지 않으면 전혀 소용이 없다. 어떤 종교를 가지고 있건, 혹은 타로 카드를 좋아하건 싫어하건 간에 점을 칠 때는 타로 카드를 믿자. 장난감이라고 생각하지 말고 말이다.

넷째, 점을 칠 때는 비어·속어를 사용하지 않도록 한다.

평정을 유지하자. 비어·속어를 사용하면 감정이 격해지게 되고 그러면 말실수를 하게 된다. 말실수는 점칠 때 오류를 만든다. 타로 카드로 점을 치는 것은 마음대로 지껄이는 것이 아니라, 카드를 통해 상대방의 마음을 읽고 이해해주는 것이라는 걸 꼭 기억해 두자.

타로 카드, 수정구 점 등으로 포천텔링을 하기 전에 기억해 두어야 할 것은, 당신이 타로 카드나 수정구 점을 반복해 칠수록 점을 통해 좀더 자세하고 많은 것을 알기를 원한다는 것이다.

가장 위험한 것은 많은 것을 알게 될수록 자신의 지식을 남에게 쉽게 남발하게 되는 것이다. 쉽게 대답하고 쉽게 알아낼수록 당신은 그동안 해왔던 노력을 기억 속에서 지워나가게 된다. 즉, 노력해 왔던 그 과정을 잃어버리게 되고, 당신은 그 행위 자체를 간단하고 쉬운 것으로 인식하게 된다.

모든 것을 익혀 나가는 과정은 인내와 노력을 통해 완성된다. 타로 카드나 수정구 점도 마찬가지이다. 특히 타로 카드의 경우, 쉽게 메뉴얼을 읽는 것만으로 초보자도 점을 칠 수 있기 때문에 한두 번 주변의 찬사를 받게되면 자신이 점술가가 된 것인 양 뿌듯함을 느끼게 되고 그렇게 되면 타로 카드 자체를 쉽게 무시하게 된다.

당신은 잊지 말아야 한다. 당신이 그동안 노력해 왔다는 사실을, 그리고 그 능력은 쉽게 얻을 수 없다는 사실을. 쉽게 낭비하는 것은 쉽게 사라지기 마련이다. 우리는 초능력자나 투시가로 알려져 왔던 사람들이 어느 순간부터 언론과 사람들로부터 사라지는 것을 보았을 것이다. 이것은 자신을 낭비할 때 가지고 있는 것이 얼마나 빨리 소비되는가를 보여주는 예이다.

예전에 국내에서 투시능력가 1호로 인정되었던 S양이 그 대표적인 사례일 것이다. 그녀는 1m 전방에서 책을 읽어낼 수 있을 정도의 투시능력을 보유하고 있었다. 수많은 언론의 노출과 많은 시연 때문에 지속적으로 연구하고 개발할 시간적인 여유와 마음이 주어지지 못했다. 그 결과는 바로 나타났다. 투시능력이 저하되기 시작했고, 지금은 S양은 사이비라는 안타까운 꼬리표를 달고 우리들의 기억 속에서 사라졌다.

당신의 능력은 노력에 의해 더해지게 된다. 하지만 소비하는 것보다 두 배의 노력을 할 수 없는 상황이라면 당신은 점술을 행하는 것을 자제해야 한다.

카드 점을 칠 때, 꼭 기억해 둘 9가지 상식

어떤 일이든 마찬가지라고 생각하지만 타로 카드 또한 사용하기 전에 알아 두어야 할 주의사항이 있다. 충분히 마음의 준비를 해두지 않는다면 소심한 사람은 죽음 카드나 사탄 카드 정도에도 쉽게 휘둘리게 될 것이다.

자신의 카드가 자신을 좋아하는가를 알고 싶다는 질문을 많이 받게 된다. 이것은 사기 전에 미리 알아야 하지 않을까 생각된다. 어떤 사람은 카드가 죽음 카드를 자주 보인다는 이유로 카드가 자신을 싫어한다고 하소연을 하기도 한다. 죽음 카드는 물론 부정적인 카드로 알려져 있지만 카드가 당신을 싫어한다면, 오히려 공백 카드를 보여주는 편을 선택하리라 생각한다. 공백 카드야말로 대화 단절의 표시이기 때문이다.

또 착각하기 쉬운 카드가 황제 카드인데 가끔 카드가 질문자보다 주가 될 때 나타나는 경우가 있다. 카드의 점괘에 끌려다니는 상태에 자주 나타나므로 각별한 주의가 필요하다. 그림자 카드가 정기적으로 바뀌는 사람은 그 카드가 현재 상태를 나타낼 수 있으므로 신경쓰는 편이 좋다. 고위 여사제 카드는 일에 치여 정신적으로 지친 상태일 때 자주 나오는 편이다.

달 카드는 주변에 일이 너무 많아 갈팡질팡할 때 나올 수 있다. 이런 그림자 카드들은 매일 리딩하기(Day Reading)를 하면서 정리해 둘 수 있다.

첫째, 타로 카드를 기계적으로 해석하지 않는다.

앞에서도 이야기한 바 있지만 타로 카드는 일률적으로 읽어낼 수 없다. 비슷비슷해도 서로 다른 여러 뜻 중에서 선택하는 것은 카드를 다루는 사람 마음대로이다. 노하우 없이는 해석할 수 없다.

둘째, 타로 카드를 단시일 내에 읽어 내려고 하지 않는다.

앞의 초보자 과정을 모두 마치려면 최소한 2개월의 시간이 필요하다. 매일 리딩하기를 마치려면 3개월 정도는 시간을 들여야 충분하다. 스프레드를 익히고 읽어내는 데 다시 2개월 정도가 필요하다. 느긋이 6개월 정도는 투자해 보도록 하자. 타로 카드에는 일주일 만에 영어 읽기 같은 것은 절대로 없다. 예를 들자면 속성영문법 같은 것 말이다.

셋째, 종류가 다른 타로 카드는 모양이 비슷해도 각자 다른 뜻을 가지고 있다.

모양이 비슷하거나 같아 보인다고 해서 같은 뜻을 가진 것은 절대 아니다. 비슷한 뜻을 가진 경우도 있지만 아닌 경우도 있다는 것이 더 중요하다. 일부 카드는 역(180도 뒤집힌 카드)을 인정하지 않는다. 이 경우는 역의 뜻이 정 방향의 카드에 삽입되어 있다. 굳이 카드를 뒤집어서 해석할 필요는 없다.

넷째, 스프레드를 익힐 때는 위치를 정확히 외운다.

스프레드를 배울 때는 위치를 정확히 외워 두어야 한다. 스프레드라는 것은 위치라는 기준에 의해 뜻이 정해진다. 따라서 위치를 헷갈려 한다면 해석에 오류를 범하게 된다. 초보자는 위치를 외우기 복잡한 스프레드는 피하도록 하자.

다섯째, 선입견이 생기지 않도록 조심한다.

이건 열외의 문제지만, 타로를 선택할 때의 가장 큰 문제는 선입견이다. 오랫동안 클래식 계열의 타로 카드가 인기를 끌지 못했던 데는 이유가 있다. 표정이 확실하게 드러나 있는 라이더 웨이트 타로만 보다가 덩그러니 동전만 던져져 있는 카들들을 보니 자신감이 생기지 않는 것은 당연하다. 이것 역시 선입견의 일부이다. 이외에도 여러 가지가 있지만, 어쨌든 타로 카드를 선택할 때 제일 중요한 것은 한 번쯤 다른 사람의 카드를 빌리거나 전시장을 찾아서 직접 셔플해 보고 고르는 것이 좋다.

여섯째, 어려운 말을 사용하지 않는다.

어려운 말을 사용하여 상대방을 긴장시키지 않도록 한다. 상대방이 긴장하면 초보자도 덩달아 긴장하고, 그러면 리딩에서 실수를 범하기 쉽다.

일곱째, 되도록 짧게 이야기 한다.

많이 이야기하려고 노력하지 말고 간단히 짧게 이야기한다. 프로라면 화려하게 미사여구를 사용하더라도 실수하지 않는 노하우를 가지고 있다. 그러나 대부분은 말을 길게 늘이면 대화에 실패하게 된다.

여덟째, 결과의 70퍼센트만 이야기 한다.

점술과 상담에 있어서의 원칙은 70퍼센트만 이야기하는 것이다. 이 70퍼센트 또한 결과에 대해 확신을 가지고 있을 때 상대방을 잘 알고 있을 때이다. 타인에게 점을 봐줄 때는 50퍼센트만 이야기해도 충분하다.

아홉째, 서플할 때 최대한 정신집중을 한다.

카드는 조심스럽게 서플하도록 한다. 빠르게 하려고 노력할 필요는 없다. 서플 행위는 정신집중이 가장 중요하다. 천천히 느긋한 마음으로 상대방의 마음을 생각하면서 서플하도록 한다.

제 4 장

타로 카드의 상징 개념

타로 카드의 숫자 대위법

타로 카드의 숫자 대위법은 메이저 카드의 22장이 각각 자신의 짝을 가지고 있다는 가정 하에서 비롯된다. 각 카드는 서로에게 영향을 주는 짝을 가지고 있고, 이것의 기준은 여러 가지가 있지만 그 중에서도 가장 간단하게 볼 수 있는 숫자 대위법을 살펴보도록 하겠다. 짝이 대립일 수도 있고 대칭일 수도 있다. 그러나 영향을 주는 관계라는 것은 변하지 않는다.

0 광대 The Fool ◀▶ 11 법 Justice

광대 카드는 판단하기 전의 인간이며, 법 카드는 판단하려고 하는 인간이다. 광대는 법의 심판을 받아야 하는 인간이며, 법은 말 그대로 법을 상징한다.

0과 11은 나눌 수 없는 숫자이자 신의 숫자이다. 또한 둘 다 시작을 상징한다. 광대는 일의 시작을 의미하며, 법은 일어서려고 하는 발과 움켜쥔 칼을 통해 행동의 시작을 의미한다.

1 마법사 The Magician ◀▶ 12 매달린 남자 The Hanged Man

마법사는 여러 가지 뜻을 가지고 있는데 가장 많은 설명을 요구하는 것은 'Magician'이 'Magus', 즉 'Magi'라는 것이다. 'Magus'는 조로아스터교(Zoroastrianism, 마기교)의 사제라는 이야기도 있고, 동방박사 세 사람이라는 뜻도 있다.

그들은 별을 연구하는 사람이었고, 별의 움직임을 따라 베들레헴에 도착한다. 중세의 마법사는 점성술사의 의미였던 모양이다. 우리가 생각하는 마법사라는 뜻보다는 마술사라는 뜻으로 널리 쓰이는 데 클래식 계열의 타로에서는 저글러(Juggler, 묘기를 부리는 사람)를 그 배경에 그려 놓았다.

매달린 남자는 희생 또는 벌을 받는 사람이다. 중세시대에는 빚을 졌는데 갚지 못하면 저잣거리에 매달아 구경거리로 만들었다. 매달리고 나면 빚은 청산되었다. 선의의 피해자를 위한 조치였다. 즉 희생 이후의 해방을 의미한다.

그리스 신화 타로에서의 매달린 남자는 프로메테우스이다. 그는 인간을 위해 희생하였고, 희생을 통해 인간에게 불을 선사하였다. 북유럽 신화의 오딘(Odin, 게르만 민족이 숭앙한 신으로 아사 신족[神族]의 최고신)도 동일인물로 보여진다. 오딘은 인간에게 신비의 문자 룬(Rune)을 선사한다. 자신이 거꾸로 매달리는 고통을 통해서 말이다. 다시 말하자면 프로메테우스와 오딘은 마법사이다. 어떤 카드에는 매달린 남자를 요가 하는 자세로 표현하기도 한다. 요가를 통한 깨달음이라면 다시 마법사가 된다.

2 고위 여사제 The High Priestess ◀▶ 13 죽음 Death

'High Priestess'는 라틴어 'presbyter'에서 비롯된 'priest'의 여성형이며, 영어사전을 다 뒤져도 이런 단어는 찾을 수 없다. 교황을 뜻하는 'Pope'가 그리스어 'pappas(아버지)'에서 비롯된 것이므로 'mother' 정도가 될 것이다. 고위 여사제는 기도하는 사람이다. 따라서 인간적인 삶을 버린 상태이다.

죽음 카드는 상당히 많은 카드에서 죽음의 낫(초승달 모양)을 들고 있는 사자의 모습을 보여준다. 고위 여사제는 달을 밟고 있거나 머리 위에 장식하고 있다. 죽음과 고위 여사제는 모두 달의 영향을 받는다. 둘 다 변덕스러우며 변화한다.

3 여왕 The Empress ◀▶ 14 절제 Temperance

여왕은 가득한 밀밭을 통해 풍요를 보여준다. 절제 카드는 이마에 태양
의 상징을, 손에는 물의 조절을 보여주고 있다. 뒷편에 보이는 푸른 대지와
태양과 물의 조화는 바로 풍작을 의미한다. 조화(중용)를 통해 얻을 수 있
는 것은 풍작이다. 여왕 카드 또한 그림의 좌측에 넘치지 않는, 그러나 끊
이지 않는 물줄기를 가지고 있다.

4 황제 The Emperor ◀▶ 15 사탄 The Devil

황제는 산양으로 장식된 의자에 앉아 있으며 사탄을 상징하는 앙크 십자
가를 들고 있다. 라이더 웨이트 타로를 기준으로 한다면 황제는 사탄과 동
일시된다. 황제가 들고 있는 십자가가 달린 보주(寶珠, Orb)에는 윗부분
의 십자가가 잘려나가 있다. 신에게서 받은 권력이 아님을 뜻한다. 그의 곁
눈질하는 표정은 권력이 자기 것이 아님을 잘 알고 있다는 것을 보여준다.
사탄 카드 또한 힘을 상징하는 불타는 지팡이를 들어 아래로 떨구어 놓
았다. 이는 그의 힘 역시 다른 사람의 것(혹은 신의 것)이라는 것을 이야
기한다. 황제와 사탄은 둘 다 강탈한 힘, 또는 빼앗길 수 있는 힘을 소유하
고 있다.

5 교황 The Hierophant ◀▶ 16 무너지는 탑 The Tower

교황은 'Pope'라고 표기하는 것이 정석이다. 그래서 그가 교황을 표현
한 것이 아니라 교황과 비슷한 위치의 사람을 의미할 수도 있음을 암시한
다. 단어대로라면 그는 교황이 아니라 신비교의 사제이며, 비밀의식을 주

도하는 사람이다. 'hiero'는 신성하다는 뜻이다. 그가 입은 의상은 그레고리우스 1세의 초상화를 모델로 하였다. 원래 크리스트교의 초대 교황은 베드로이다. 사도의 우두머리로서의 개념이다. 손의 모양은 축복을 상징하고 있으며, 한 손에는 교황의 십자가를 들고 있다.

문헌에 따르면 바빌론의 탑을 건설한 것은 사제의 결정에 의해서였다. 5는 신성을, 16은 신성의 파괴를 의미한다. 신성을 파괴하는 것 또한 신성이다. 라이더 웨이트 타로에서 탑의 황금 왕관이 떨어져 나간 것은 비스콘티 타로에서 받은 영향이다. 비스콘티 가문의 성의 첨탑이 왕관 모양이라는 사실은 여러 곳에서 찾아볼 수 있다. 교황은 부정한 것으로부터 보호해 주는 사람이며, 탑은 보호자(Protector)라는 의미를 가지고 있다.

6 연인 The Lovers ◀▶ 17 별 The Star

'Lovers'는 연인들을 말한다. 그러나 'Love'는 신을 경외하는 것, 신을 사랑하는 것, 신을 그리는 감정을 모두 포함하고 있다. 또한 'Love'는 신 자체를 뜻하기도 한다. 신의 자비와 자애, 사랑의 의미도 포함된다. 물론 사랑의 신이기도 하다. 애착이나 애호를 뜻하기도 하며, 초대 크리스트교의 모임(회식)을 'Love Feast'라고 부르기도 하였다.

별 카드는 판도라의 상자에서 가장 마지막으로 튀어나온 희망을 이야기한다. 희망은 하늘에서 가장 빛나는 별이 되었다는 마지막 구절에 주목하도록 하자. 희망 또한 신에 대한 경외가 남아 있기 때문에 가능하다. 희망은 신이 준 선물(판도라의 상자) 중 마지막에 남은 것이기 때문이다.

7 전차 The Chariot ◀▶ 18 달 The Moon

고대 프랑스어 'char〔car〕'에서 비롯된 'chariot'는 1인승 이륜 전차이다. 흔들림, 변화를 상징하며 달 또한 모습이 고정되어 있지 않다. 상현달에서 하현달로 변하는 8단계의 모습 때문에 변화를 상징한다. 둘 다 하늘에 떠 있는 것을 상징하기 때문에 불가항력의 상황을 상징하기도 한다.

전차는 벗어나려고 하거나 나아가는 것, 달은 잠재적인 악의 차단을 통한 발전을 의미한다. 달 카드에 있는 가재가 그러한 차단의 의미를 나타낸다. 달은 흔히 여성을 의미하지만, 실제로 그려져 있는 것은 남성이다. 클래식에서 넘어온 모던 타로(라이더 웨이트 포함)에서는 전차에도 남성이 탑승하고 있다.

8 힘 Strength ◀▶ 19 태양 The Sun

태양 카드의 어린아이는 군대의 진군을 나타내는 깃발을 들고 있다. 힘은 흔히 군대의 전력이나 병력을 뜻하는 단어로 쓰인다. 태양 카드는 힘을 상징하며 힘 카드 또한 힘을 상징한다. 두 카드의 뜻을 비교하면 동의어가 발견되는 것을 볼 수 있다. 두 카드 모두 긍정 카드로 쓰이며, 태양의 방사선과 여인의 머리에 위치한 뫼비우스의 띠는 모두 무한을 상징한다.

9 예언가 The Hermit ◀▶ 20 구원 Judgement

예언가는 초기 크리스트교 시대의 종교적 예언자를 이야기한다. 그는 세속을 버린 사람이다. 그가 연구하는 것은 하늘의 언어 '구원'이다. 'Judgement'는 영국식 표현이다. 영어식으로는 'Judgment'이다. 구원 카드의 상황은 라이더 웨이트를 기준으로 심판의 날이다.

판정 · 판단 · 천벌이라는 뜻을 담고 있는 구원 카드는 기본적으로 불가항력의 상황, 즉 신의 힘과 신의 음성을 의미한다.

예언가는 세상의 소리를 듣지 않고 신의 음성(Judgement)을 듣는 사람이다. 요즘으로 따진다면 채널러나 예언자, 혹은 신부님이나 목사님쯤 되지 않을까. 심판의 때를 알리는 것 역시 예언가이다.

10 운명의 수레바퀴 Wheel of Fortune ◀▶ 21 세계 The World

'World'는 고대영어 'Werold(wer 사람 + old 나이 = 사람의 일생)'에서 비롯된 말이다. 사람의 일생은 다시 돈다(Wheel of Fortune). 이 때문에 라이더 웨이트 타로를 기준으로 두 카드는 아주 비슷하게 그려져 있다. 둘은 같은 것이기 때문이다.

라이더 웨이트 타로는 두 카드 모두 네 군데에 4개의 동일한 상징을 배치해 두었다. 이것은 'World'와 'Fortune'이 근본적으로 같다는 것을 상징한다. 기본적으로 운명의 수레바퀴는 운명, 운수, 운명의 기복을 말한다. 세계는 천체, 무한, 우주, 삼라만상, 만물, 모든 것, 인간, 인류, 현세, 속세, 세상, 지구, 전세계의 뜻을 가지고 있다.

상징기호에 대한 이해

우리의 유명한 스타, 아서 에드워드 웨이트(Arthur Edward Waite) 경은 자신의 저서에서 "타로 카드는 상징으로 이루어진 것이다. 이것을 언어로 해석하고자 하는 것이 오히려 잘못된 것."이라고 저술하였다. 타로 카드는 인간의 역사와 상징으로 구성된 것이다. 따라서 타로 카드를 이해하기 위해서는 이 상징언어에 대한 지식이 필요하다. 우리는 동화나 우화, 성경을 통해 이미 상징언어를 접한 바 있다.

길거리에서 빨강 신호는 정지, 초록 신호는 진행, 화살표는 방향이라는 뜻을 가진 상징언어를 사용하고 있다. 우리는 노랑과 검정의 대각선을 번갈아 사용하면 공사중이라는 것도 알고 있다. 가끔은 급할 때 찾는 화장실의 표지도 마찬가지이다. 가장 결정적인 건 우리가 사용하는 숫자, 지금 이책을 구성한 문자도 이 상징언어의 일종이란 사실이다. 하지만 상징언어는 상당수의 사람들에게 어려운 것으로 보여지곤 한다.

각 민족은 상징언어 중에서 자주 사용하는 것을 개량하여 문자로 만들어냈고 공통적인 상징언어는 표식으로 변화했다. 그래서 우리는 뜻을 모르고도 선명한 뜻을 가지고 있는 태양 카드가 긍정적이라고 판단하며 사탄 카드는 부정적이라고 생각한다.

물론 상징에도 원칙은 있다. 'ㄱ'은 'ㄴ'과 대응하며 검정은 흰색에 대응한다. 모든 상징은 서로 다른 속성을 가진 것과 대응한다. 우리는 타로 카드를 이해하기 전에 이 속성이라는 것에 대한 이해를 해야 하는데. 다음 대응표를 한번 살펴보자.

가위	바위	보
검정	흰색	회색
날카로운 것	감싸는 것	중화시키는 것
고체	액체	기체
ㅣ	―	•
부정	긍정	중립
인간	대지	신
빨강	초록	노랑

　모든 상징은 이러한 원리를 가진다. 타로 카드의 메이저 카드가 7 × 3 + 1인 것, 그랜드 에틸라가 타로 카드에서 정 · 역을 만들어낸 것도 이러한 상징의 구성원리에 따른 것이다.

　오컬트나 심리학 관련도서를 보면 어디에나 정 · 반 · 합에 대해서 많은 지면을 할애한다. 따지다 보면 결국 정 · 반 · 합으로 귀결되는 원리들을 보면서, 심지어는 12개의 별자리도 속성에 따라 나눌 수 있다. 점성술계에서 익히 이름이 알려진 유기천 선생님께서는 편저본인《점성학》에서 12궁도를 3종류의 특질로 나누었는데, 활동 · 변통 · 고정 등이 그것이다. 어떤 사람들은 타로 카드를 메이저 카드(정신) + 코트 카드(인간) + 슈트 카드(물질)의 3그룹으로 나누기도 한다.

　우리는 세상을 살아가기 위해서 언어라는 규칙을 만들어 놓았는데 이것을 그림으로 만든 것이 상징이다. 수만 가지의 언어를 하나로 통합할 수 있는 것은 이 상징체계이다. 어쩌면 미래에 우리가 배우게 될 것은 이 상징체계일지도 모른다. 결론적으로 상징 또한 오랫동안 내려온 언어의 한 가지일 뿐이라는 것이다. 단지 조금 어렵고 복잡할 뿐이다.

타로 카드에서 쉽게 볼 수 있는 상징들

교황의 십자가

이 십자가는 지팡이의 끝에 매달려 있는 경우가 가장 흔하다. 흔히 이것을 타우(Tau)라고 부른다. 타우라고 부를 때 세로 막대는 천상, 가로 막대는 지상을 의미한다. 3개의 가지는 인간이 해야 할 일을 상징한다. 이는 그가 신의 대리인임을 상징한다. 또 3개의 가로 막대는 3위 일체를 상징한다.

이 십자가를 황제가 들고 있는 경우가 있는데, 이것은 한때는 신권과 왕권이 한 사람에게 독점되었음을 이야기한다. 이집트 문화에서도 사제의 지팡이와 왕의 지팡이가 동일한 경우가 있는데, 이것은 왕이 태양(Ra, 신)의 아들이며 신의 사자이기 때문이다.

푸른 십자가는 로렌 지방의 십자가의 형태인데 가로 막대가 교황의 상징에서 한 개가 빠져 있다. 이것은 인간이 신에게 완전히 순종하지 않았다는 죄의식의 산물이다. 만약 교황에 해당하는 번호의 카드에서 가로 막대 2개의 교황을 보게 된다면, 이교도적인 해석으로 보아도 무관하다. 당시의 악마주의자들은 끝까지 신에게 순종하지 않겠다는 의미로 그들의 제사장에게 가로 막대 2개의 십자가를 들게 하였다.

성모마리아의 십자가

희생과 고행의 상징이다. 그런데 대부분의 타로 카드 사용자들은 이 상징을 자주 보게 된다. 바로 웨이트 계열의 쓰리 소드 카드에서 본 그것이다. 칼이 3개인 것은 육체적이고 정신적인 고통, 그리고 견뎌야만 하는 운명의 3중고를 말한다.

솔로몬의 인장, 또는 다윗의 별

 두 개의 삼각형을 걸어 만든 육각별은 다윗의 별이라고도 부르는데 형평과 조화를 상징한다. 이는 아래와 위가 동등하다는 것을 말하며, 어느 쪽으로 회전하더라도 조화가 깨지지 않기 때문이었다. 백색 삼각형이 상위 꼭지점을 차지하고 있는 것은 신성하기 때문이다.

악마를 퇴치하는 문장으로 사용되었을 당시에는 이 문장이 귀신과 악마를 묶을 수 있다고 생각하였다. 연금술사들은 두 원소의 결합, 즉 물과 불의 결합을 이야기하였다. 여기에서 탄생되는 것은 공기(수증기)였다. 유대인보다 먼저 이 문장을 사용했던 아랍인들은 솔로몬의 인장이라고 불렀고, 소우주와 대우주의 결합을 상징하는 의미였다. 이는 결합(여성과 남성의)을 통한 풍요를 상징하기도 하였다.

승리의 십자가 또는 보주(寶珠)

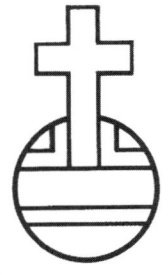 천체를 상징하는 보주(寶珠, Orb 또는 Glove)는 궤도를 따라 돌아가는 항성들을 의미한다. 가끔은 태양을 상징하기도 한다. 이 승리의 십자가는 억압에서의 해방, 율법에서의 해방인 구원을 상징하기도 한다.

클래식에서는 이것이 신에게서 받은 절대권력을 상징한다. 따라서 왕, 여왕, 교황, 사제 할 것 없이 누구나 들고 있다. 전차 카드에서도 이것을 들고 있는 경우가 있는데, 이 경우는 왕의 권리를 대행하는 사람을 뜻한다. 우리 나라로 따지면 마패 정도로 볼 수 있다.

알파와 오메가가 그려진 십자가

이 알파와 오메가의 상징은 십자가에 달린 상태보다는 따로 떨어져 등장하는데 일부 이집트 사람들은 세계 카드와 운명의 수레바퀴 카드에서 이 상징을 도입하고 있다. 이 상징(알파와 오메가)은 성경을 비롯한 모든 종교의 구절에서 등장한다.

'나는 알파와 오메가요. 시작이며 끝이니……' 의 구절은 말만 바뀌어 여러 경전에서 등장한다. 시작과 끝은 신이 창조자이며 멸망시킬 권리가 있음을 말하며, 시작하기 전에 스스로 존재했으며 세상의 끝까지도 존재하는 것이 신임을 말한다.

앙크 십자가(Ankh Cross)

이집트에서는 태양(Ra)에게서 받은 생명을 상징하였다. 따라서 앙크 십자가를 교황이 들고 있는 타로는 이집트 사람이거나 은빛십자가, 황금새벽회 등의 해석을 따른 것이다. 앙크 십자가는 생명과 남성을 상징하며, 악마주의의 성스러움를 상징한다.

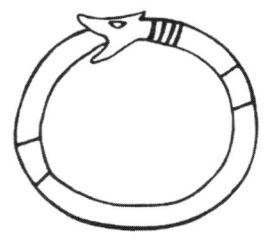

영원을 상징하는 뱀

꼬리를 물고 있는 그 원 안에 세계를 담고 있다. 이는 세계 카드의 월계수나 운명의 수레바퀴 카드의 수레바퀴와 동등하다.

인디언 계열의 타로 카드에서는 실제로 세계 카드에 이 뱀이 등장한다. 이때 꼬리를 물지 않고 있는 것은 아직 완성되지 않는 세상을, 꼬리를 문 상태는 시작이 다하였으니 끝이 다가오리라는 것을 상징한다.

제 5 장

카드의 이미지를 읽는 방법

이미지 리딩(Image Reading)이란?

이미지를 읽는 방법에는 여러 가지가 있다. 초보자가 선호하는 카드들을 살펴보면 카드의 인물이 선명한 표정을 가지고 있다는 공통적인 특징이 있다. 널리 알려져 있는 유니버설 웨이트 타로를 제외하고 인기를 끌고 있는 할로윈이나 시크릿, 올드 잉글리쉬 같은 타로 카드들은 인물의 표정이 선명하고 무엇을 하고 있는지 알아보기 쉽도록 표현되어 있다.

카드를 해석할 때는 이 표정을 보느냐, 주변의 배경을 보느냐, 메뉴얼을 보고 키워드를 사용하느냐에 따라 여러 가지 해석법이 나올 수 있는데 초보자에게는 처음부터 메뉴얼을 달달 외워서 사용하는 것보다는 이미지 리딩(Image Reading)을 통해 먼저 느낌을 배울 것을 권한다.

한 가지 기준을 통해 카드를 보는 방식으로, 기준은 사람마다 다를 수 있다. 가장 쉬운 방법은 인물의 표정과 자세를 보는 것으로 표정에 나타난 희노애락을 통해 카드가 긍정적인가 부정적인가를 판단하는 것이다. 두 번째는 주인공이 손에 든 물건을 통해 판단하거나 배경의 상징을 통해 판단하는 방법이다.

즉 손에 든 상징 등을 통해 지위를 판단하거나 배경의 바닥의 균열 등을 통해 위험을 나타내는 키워드를 찾아내는 방법이다. 상징이 다양하게 사용된 카드를 리딩할 때는 시선이 먼저 위치한 자리에 따라 뜻이 달라지는 경우도 있다.

초보자 1단계

이미지 리딩을 할 때는 되도록 조용한 장소를 선정해야 한다. 주변의 소음이나 환경에 따라 이미지 리딩은 많은 영향을 받기 때문이다. 되도록 적당한 밝기의 자연 조명이 있는 쾌적한 방에서 혼자 리딩을 하는 것이 좋다. 인간의 오감은 서로 연결되어 있기 때문에 냄새가 심하거나 환기되지 않은 공기, 소음은 상징을 부정적으로 해석하게 하는 원인이 될 수 있다.

각자의 타로 카드를 들고 22장의 메이저 카드를 깨끗한 종이나 천을 깐 책상 위에 내려 놓는다. 한 장씩 책상의 중앙에 내려 놓고, 45도 각도로 쳐다보게 되는데 거리는 25센티미터 정도가 적당하다.

시력이 나쁜 경우에도, 완전히 보이지 않는 경우가 아니라면 안경이나 렌즈를 끼지 않는 것이 좋다. 잘 보이지 않더라도 뿌연 영상만으로 보는 것이 바람직하다. 안경이나 렌즈를 통해 보는 것 또한 왜곡된 시각이기 때문이다.(가끔 안경을 벗고 세상을 보면 색다른 경험을 할 수 있다. 같은 장소와 물건이라도 당신은 완전히 다르다는 것을 알게 될 것이다.)

느낌과 감정, 색깔과 질감, 머리에 떠오르는 연상 단어, 이 3가지를 기준으로 초보자가 할 수 있는 이미지 리딩을 분류하였다.(해석에 가장 깊게 영향을 끼치는 것은 주로 연상 단어이다.)

1. 느낌과 감정

느낌은 마음대로 적는다. 푸른색과 검은색을 주조로 한 그림은 대부분 차갑다는 느낌을 적는다. 로 스카라베오(Lo Scarabeo)의 시크릿 타로 카드가 차갑다는 평판을 얻고 있는 것은 대부분이 푸른색과 검은색으로 조합되어 있어서다. '이상하다' 등의 느낌도 그냥 적어두면 된다. 이 그림만 보면 졸린다든가, 지루한 그림이라든가 하는 감정들도 빼놓지 않고 적어두어야 한다.

마르세이유 타로의 20번 구원 카드의 천사는 무척 뚱한 표정이다. 그녀는 별로 기뻐 보이지 않는다. 나팔소리를 듣고 있는 아래의 사람들도 환호하고 있지는 않다. 굉장히 지루해 보이는 카드이다. 아무래도 저렇게 몸을 숙이고 있다가는 하늘에서 떨어지지 않을까 상당히 걱정되는 자세이다.

20 구원 마르세이유

2. 색깔과 질감

카드의 여러 가지 색깔을 가진 그림들은 색깔과 질감을 통해 인물이 주는 인상과는 다른 것을 표현한다.

부드러운 질감은 나태함과 지루함을, 거친 질감은 덜 연마된 새것의 느낌을 보여준다. 붉은 색깔은 정열과 타오르는 불꽃을, 파란색은 여명의 새벽을, 그리고 고귀함을 상징한다. 17세기 마르세이유 타로 이후의 카드들은 7가지의 절제된 색깔을 사용하여 카드를 제작하였다. 물론 실용적인 이유도 있겠지만, 이 7가지의 색상은 신비주의 사상과 깊은 연관이 있다.

비스콘티 타로 카드의 9번 카드 예언가는 상당히
부드러워 보이는 털 소재의 옷을 입고 있다. 노란색
은 황금색을 표현한 것으로 보인다. 황금색이 고귀한
신분을 상징하고 있는 것 같다. 신발과 모자의 붉은
색은 아주 작지만 선명한 것으로 보아 남아 있는 미
련을 상징하는 것으로 보인다.

9 예언가 비스콘티

3. 연상 단어

그림을 보고 떠오르는 단어는 어떤 것이라도
상관없으니 그냥 적으면 된다. 숫자, 단어, 그림
에 나오는 물건의 이름 등 어지럽게 흩어진 색깔들에서 어렴풋이 보이는
것들을 적도록 한다. 한번에 모든 것을 다 적으려고 할 필요는 없다.

초보자 2단계

1. 일반적인 뜻 찾아내기

실제 메뉴얼의 뜻을 확인하여 나와의 차이점을 비교한다. 나의 시각과
메뉴얼의 차이점과 그 원인은 무엇인지 찾아내서 서술한다. 그러나 이 방
법은 나의 시각을 무시하기 위한 것이 아니라, 나의 시각 또는 선입견을
찾아내기 위한 방법이다. 이 작업을 통해 내가 빼먹은 것을 찾아내거나 생
각지 못한 부분을 찾아낼 수 있다.

2. 원 카드 리딩(1 card Reading)

이제 메뉴얼과 내가 본 뜻을 비교해 보았으니 실제로 리딩에 들어갈 차례이다. 초보자는 단답식의 질문과 대답을 반복하여 노하우를 쌓아야 한다. 1장의 카드는 6~7개의 키워드를 가지고 있다. 그 중에서 질문에 따라 어떤 것을 골라내야 하는지 익힐 차례이다.

그럼 비스콘티 타로 카드의 첫 번째 카드 광대 카드를 통해 상황에 따라 어떤 것을 골라야 할지 연습해 보도록 하자.

★ 연 습 하 기
• 광대 카드의 기본 키워드

0 광대 비스콘티

모험의 시작, 첫걸음, 스스로의 결단, 시작할 기회를 알리는 신호, 자유로운 가능성들, 즐거움, 정열, 미친, 열광, 격분, 광란, 격앙, 집념, 강박관념, 매니아, 어리석음, 어리석은 짓, 경솔한, 부주의한, 불친절한, 바보 같은, 낭비, 사치, 훈련, 연습이 미숙하다, 수업이나 수양·단련이 부족하다, 미숙, 지각없는, 어리석은, 비합리적인, 이치에 맞지 않는, 불안정, 위험, 불안, 확신 없음, 경박, 천박, 경솔, 열광, 흥분, 의식의 착란 상태, 자연스러운 행동, 자발적 행위, 경솔, 변덕, 가벼운 행위, 자기 과시, 노출증, 지나치게 제멋대로, 지나치게 조심성 없는, 어처구니없는 소비(비용)나 행동, 부주의한 약속, 부주의하게 중요한 일을 다루다, 심취, 열중, 무분별, 경솔, 부주의, 조언의 말을 듣는 것을 싫어한다.

질문 ① 어떤 일을 시작하고 싶을 때

이때의 광대 카드는 모험의 시작, 시작할 기회임을 이야기한다. 그러나 혹시 그 것이 자기과시나 제멋대로 선택한 일이 아닌가 경고한다. 비합리적이지 않은가, 훈 련은 충분히 받았는가, 너무 열중해 있는 것은 아닌가 스스로 되돌아 보아야 한다.

질문 ② 새로 만나게 된 그가 어떤 사람인지 알고 싶을 때(특히 성격)

광대 카드는 일반적인 성격에서는 경솔하고 변덕스러움, 애정에서는 열정, 정열, 매니아 등의 뜻을 가지고 있다. 좀 가볍고 변덕스러운 사람일지는 모르지만 당신 을 사랑하고 있다.

질문 ③ 금전 운을 알고 싶을 때

기본적으로 광대 카드는 낭비와 과시욕을 바탕으로 한 사치를 이야기한다. 금전 운에 광대 카드가 나왔다면, 당신은 지나친 소비 때문에 금전이 부족한 상태이다. 게다가 당신은 스스로도 이해할 수 없는 낭비를 저지르곤 한다.

3. 투 카드 서술 리딩(2 Card Story Reading)

이제 당신은 점점 초보자 단계를 벗어나고 있다. 2장을 읽는 방법은 주 어 + 서술어의 방법이다. 한 장의 카드는 중심 카드이고, 하나는 서술 카 드가 된다. 보통은 첫 번째 나온 카드가 중심 카드가 되고, 두 번째 카드가 설명 카드이지만 바꿔서 읽더라도 상관은 없다. 한 가지 더, 첫 번째 카드 를 원인, 두 번째 카드를 결과로 읽을 수도 있다.

연습하기에서는 두 가지 모두 예를 들었다. 참고로 이야기하면 원 카드 리딩으로는 점을 칠 수 있지만, 투 카드 서술 리딩으로는 점을 칠 수 없다. 투 카드 서술 리딩은 이야기식으로 해석하는 것이므로, 설화나 동화 등을 기초로 하여 이야기하는 것도 좋은 방법이다. 물론 엄청난 사전 지식이 필요하다.(주의 : 왼손잡이는 왼쪽부터, 오른손잡이는 오른쪽부터 카드를 놓고 읽는다.)

★ 연 습 하 기

3 여왕 라이더

13 죽음 라이더

아주 오래된 일이지만 국가 전체에 힘이 미치지 않는 곳이 없었던 황후가 있었다. 그녀는 커다란 권력을 가졌지만 그녀는 자신의 권력이 영원하리라고 생각하였다. 그녀는 풍요를 마음껏 누렸다. 그러나 황후의 권력 또한 지나치면 소진되는 법. 지나침을 간구하는 신하들을 감옥으로 보내고 방탕함을 고치지 않았던 그녀는 형장의 이슬로 사라지게 된다. 그녀는 마리 프랑소와 앙트와네트이다.

• 여왕 카드의 기본 키워드
순수한 여성형, 행동, 발달, 풍작, 비옥, 달성, 성취, 어머니, 자매, 아내, 결혼, 아이들, 여성의 영향(나약함), 물질적인 부, 진화, 여성의 간사한 꾀(투기), 집요한 시달림, 방탕아, 타인을 부추기는 데 유능함, 리더, 남편과 파트너를 위한 훌륭한 내조, 직장 여성, 공정한 판단, 실용적인, 결정적인.

부정적 뜻 — 흔들림, 동요, 활동하지 않음, 무위, 나태, 흥미 부족, 집중력 부족, 우유부단, 결말이나 진행을 늦추어야 한다, 걱정, 불안, 염려, 무익한 일에 돈을 낭비하다, 물질적 손실, 불모, 무교(無敎).

그녀는 아직 성인이 되지 못한 순수함을 가지고 있었으나 간사한 꾀는 남달랐다. 그녀의 방탕함은 모든 사람이 알만 했으며 그 방탕함을 타인에게 부추기는 데 유능하였다. 그러나 여왕 카드의 긍정적인 뜻인 실용적이며 공정하며 훌륭한 내조는 찾아볼 수 없었다. 그러나 부정적인 뜻인 항상 흔들리고 동요하며, 활동은 하지 않았고, 나태하였으며, 실질적인 일에 대해서는 흥미와 집중력이 부족하였고, 게다가 우유부단하기까지 하였다.

무익한 일에 돈을 낭비하고 물질적 손실을 불러 일으켰으며 그녀는 신을 믿지 않았다. 여왕의 부정적인 뜻을 모두 가지고 있는 그녀는 여왕 카드의 부정적 해석이 예가 될 만하다.

• 죽음 카드의 기본 키워드

변화, 새로운 길, 오래된 것에서 만들어지는 새로운 것, 돌발적인 변화, 손해, 실패, 개조, 꼭 물리적인 죽음은 아니지만 오래된 자신이 급격하게 변화하는 것, 우정이나 각별한 관계가 종료되다, 수입의 분실 또는 재무상의 손해, 새로운 시대의 시작, 심각한 병, 더 나아가서는 죽음.

부정적 뜻 — 침체, 부동의 느린 변화, 부분적인 변화, 게으름, 심각한 재난에서 아슬아슬하게 벗어난 것.

그녀는 변화를 겪게 된다. 지나치게 오래 지속된 방탕은 새로운 것을 낳는다.

그녀가 가지고 있던 모든 것들은 재무상의 손해로 나타났고, 이제 그녀의 시대가 막을 내리고, 새로운 시대 즉 왕실의 시대가 아닌 평민의 시대를 낳는다. 더 나아가 그녀는 죽음을 맞는다. 그녀의 주변 사람들도 새로운 시대를 만나게 된다. 이것은 돌발적이며 신선한 것이었다. 그녀가 겪은 일은 죽음 카드의 예로 부족함이 없다.

중급자 1단계

1. 메뉴얼의 해석에서 상징 찾아내기

메뉴얼에 나타난 뜻들을 보여주는 상징은 어떤 것인지 찾아내야 한다. 초급자는 카드를 읽어내는 것이 중요하지만 중급자는 그 근본을 알아내야 한다. 그 작업을 통해서 당신은 새로 만난 카드에 자신만의 해석을 더할 수 있다.

포천텔링(Fortune Telling)은 같지만 다른 것이다. 같은 도구를 가지고도 다르게 해석하는 것이 이 포천텔링이다. 물론 다양성이 있다고 해서 맞을 확률이 달라지는 것은 아니다. 어떤 부분을 우선시 하느냐에 따라 달라지기 때문에, 질문자가 현재 상황에서 가장 우선시 하는 것을 찾아내는 것이 중요하다.

수많은 키워드 중에서 과연 어떤 것이 가장 중요한 것인지 찾아내는 것은 노하우이다. 상징 중에서 어느 것을 먼저 읽어내느냐가 중요하다. 때에 따라서는 질문자가 어느 부분에 가장 먼저 시선이 가는지 확인해 보는 것도 좋은 방법이다. 물론 이때는 상대방이 타로 카드를 전혀 모르는 경우에 한한다. 상징을 알면 긍정적인 부분으로 시선이 가게 마련이기 때문이다.

★ 연 습 하 기

그의 표정은 편안하다. 정확하게 15도 각도로 앞을 바라보며 걸어가고 있다. 이 얼굴에 제일 먼저 관심이 갔다면 새로운 시작에 대한 희망, 다리를 물고 있는 고양이에 관심이 갔다면 혹시나 있을지도 모르는 위험, 바닥의 잡초에 시선이 갔다면 주변에 산재한 혹시 앞길의 발에 걸릴지도 모르는 쓸데없는 일들, 막대기에 시선이 갔다면 그래도 의지할 곳이 있다는 것이다. 이상이 이 카드의 키워드가 될 수 있다.

2. 자신만의 메뉴얼 만들기

0 광대 마르세이유

초급자 단계를 통과하였다면 이제 자신만의 메뉴얼을 만들 차례이다. 상징도 찾아낼 수 있고 뜻도 알고 있으니, 이제는 자신만의 데이터를 통해 새로운 메뉴얼을 제작해 보자.

메뉴얼의 제작을 위해서는 매일 리딩하기(Day Reading)가 필요하다. 매일 아침마다 한 장씩 카드를 뽑아 느낀 점을 적어두고, 그날 저녁에 결과를 적어두는 방식이다. 이 매일 리딩하기를 통해 각 카드가 나에게 어떻게 적용되는지 데이터를 모을 수 있다. 바탕이 되는 데이터와 상징의 해석을 정리해 두면 완성.

★ 연 습 하 기

○월 ○일 ─ 15번 사탄 카드가 나옴.

유혹이 많으니 현금카드는 두고 가는 것이 좋겠다. 지갑이 두둑하면 유혹에 쉽게 넘어가게 된다. 지갑에는 딱 필요한 만큼의 돈만 들고 가야겠다. 혹시 모르니

67

제5장 카드의 이미지를 읽는 방법

외판원이나 방문판매에 속지 않도록 주의하자. 왠지 사탄의 얼굴에 관심이 가는 것을 보니…….

결과 : 역시나 오늘은 금전적 손실이 있는 날이었다. '도를 믿으십니까?'를 뿌리치다가 지갑을 떨어뜨려 잃어버리고 말았다.

3. 나만의 세계 구성하기

이제 각 카드에 대한 이해가 끝났으니 세상을 표현하고 있다는 타로 카드를 가지고 나만의 세계를 구성해 볼 차례이다. 타로 카드 78장 중 22장의 메이저 카드로 구성해 보자.

세계를 구성하는 방법은 '인간 중심의 배열법', '정신세계 배열법', '신 중심의 배열법' 등 여러 가지가 있다. 일단 주제를 정하고 서열에 따라 카드를 늘어 놓아 타당한 이유가 있는지 서술하도록 한다. 배열법을 만들기 전에 일단 22장을 기준으로 이야기를 만들어 보자.

이야기는 기준이 없어도 되며, 22장을 다 사용하지 않아도 좋다. 그러나 처음에는 22장을 다 사용하도록 노력해 보자. 이야기에서 가장 중요한 것은 기승전결이 잘 맞도록 하는 것이다. 누가 보더라도 억지스러운 부분이 없도록 만들어 주어야 한다. 문학작품은 아니지만.

★ 연 습 하 기

일단 기준으로 삼은 비스콘티 타로는 뭐니뭐니 해도 두 귀족 가문의 이야기이므로 귀족사회를 기준으로 구성된 이야기를 만들어 보았다.

• 창조 이야기

신은 제일 먼저 빛을 창조하셨다. 빛은 한 덩어리로 나타나 태양(Sun)이 되었고 그 빛은 퍼져 별(Star)이 되었다. 별이 식어 굳어지자 그들은 달(Moon)이 되었

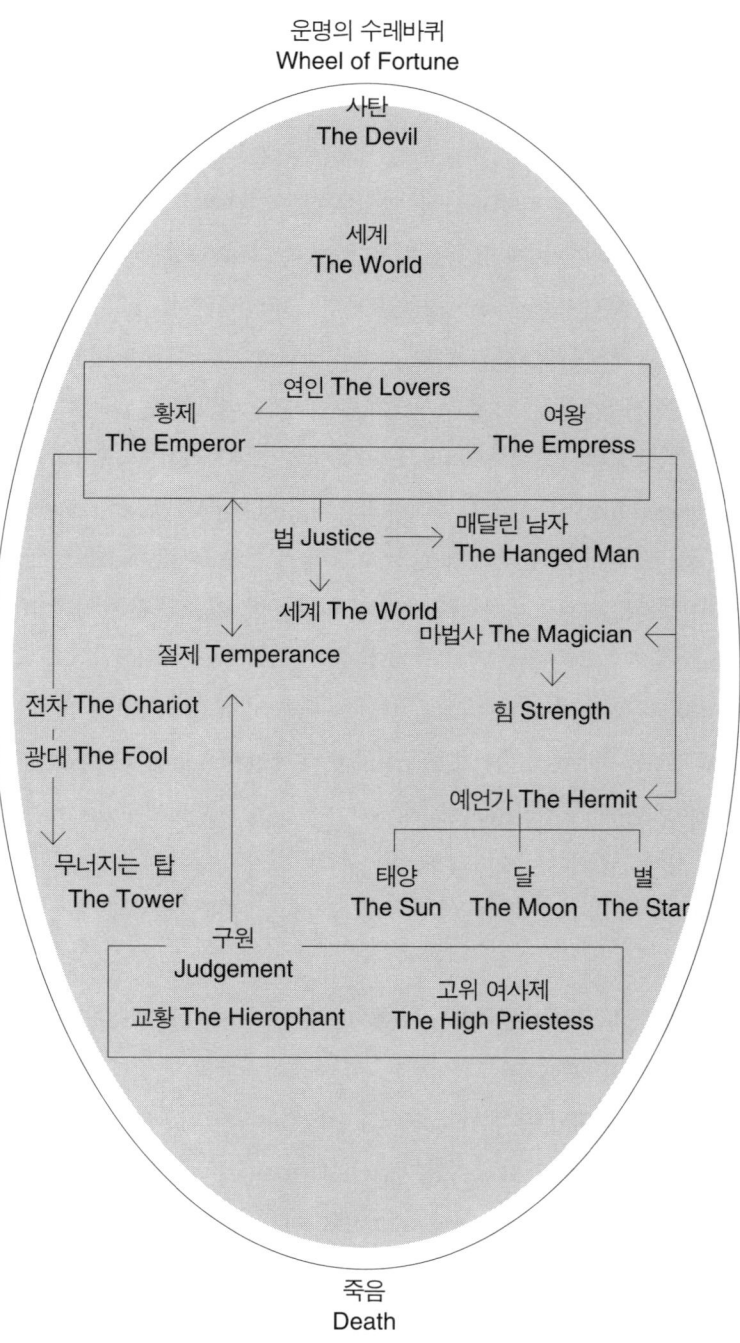

제5장 카드의 이미지를 읽는 방법

다. 이렇게 세상(World)은 만들어졌다. 신은 인간을 창조하였다. 먼저 남자(Fool)를 창조하였다. 그러나 빛들의 틈바구니에서 사탄(Devil)이 태어났다. 그는 인간을 유혹하였고, 이에 인간은 자신이 신보다 높은 자가 되리라고 자신하였다. 그들은 악마가 권하는 대로 탑(Tower)을 쌓았고 신은 인간에게 벌을 내리기로 결정하였다(Death). 인간은 이제 규칙을 지켜야 한다는 것을 깨달았다. 이러한 이유로 누구나 지켜야 하는 법(Justice)을 만들어낸다. 그러나 규칙을 지킬 감시자가 없으면 아무도 그 규칙을 지키지 않는다는 것을 알았고 그들의 왕과 여왕(Emperor, Empress)을 선출하게 된다. 왕과 여왕에게는 누구도 거역할 수 없는 힘(Strength)이 주어졌다. 그들은 그 힘으로 규칙을 지키지 않은 자들에게 신하(Chariot)를 통해 벌(Hanged Man)을 주었다. 그러나 운명의 수레바퀴(Wheel of Fortune)는 돌아가는 법, 또 다시 신의 영역(Temperance)을 엿보는 사람(Magician)이 생겨나게 된다. 그들은 비전을 바탕으로 많은 것을 발전시켰지만 비밀은 지켜지지 않는 법, 밀고자들이 그들을 왕에게 신고하였다. 왕은 그들 중에서 뛰어난 자를 골라 신의 섭리를 연구하는 교황(Hierophant)과 여사제(High Prietess)로 삼았다. 물론 그들 중 일부는 자유롭게 비전을 연구하기 위해 예언가(Hermit)가 되었다. 예언가가 깨달은 것은 신의 섭리는 사랑(Lovers)이며 신은 자신의 말(Judgement)을 전할 때를 기다리고 있다는 것이었다.

★ 연 습 하 기

이 이야기는 타로라는 왕국의 이야기이다. 물론 실존할 수 있겠지만 오로지 기준은 저자 맘대로이다.

• 타로 왕국 이야기

여왕(Empress)은 비전의 상징인 마법사(Magician)와 예언가(Hermit)를 거느리고 왕(Emperor)은 신하(Chariot)를 거느리게 된다. 예언가는 별(Star), 달(Moon), 해(Sun)의 움직임에 따라 바뀌는 운명(Fortune)을 알아내 여왕에게 보고하고 다시 여왕은 마법사에게 이를 유리하게 움직일 만한 힘(Strength)을 만들어내도록 한다(가끔은 금[金]까지). 신하는 왕의 명령에 따라 왕의 궁전 또는 왕릉을 건설한다(Tower). 그 건설 작업에는 평민(Fool)이 노동력을 더한다. 여사제(High Prietess)와 교황(Hierophant)은 왕과 여왕에게 중요한 것을 잊지 않도록 항상 충고한다. 왕과 여왕은 권력에 치우치면 악(Devil)에 물들기 쉬운 법. 권력을 상징하는 왕궁이 무너져 내리지 않도록 신의 말씀(Judgement)을 잊지 않도록 한다. 세상을 권력으로 지배하는 것은 왕과 여왕, 그들은 법(Justice)를 통해 사람들을 지배한다. 이것은 신권과 왕권의 분리는 물론 조화(Temperance)를 이루기 위한 것이다.

제 6 장

초보자를 위한 스프레드

타로 카드를 사용하기 위해서 배워야 할 것은 카드를 조합하는 방법과 읽는 법, 카드를 섞는 셔플 방법과 개성 있는 각 타로 카드의 이미지를 읽어 내는 방법이다. 약간의 주의력만 가지고 있다면 누구나 할 수 있는 것이 이 타로 카드를 통한 미래 엿보기이다.

현재 사용되고 있는 스프레드는 1,200개 가량. 서로 비슷비슷한 것들을 제외한다고 해도 200여 개가 사용되고 있다. 물론 타로 카드를 생업으로 선택하려고 하지 않는다면 간단한 몇 개의 스프레드로도 충분할 것이다.

미래를 알고 싶을 때

① 당신의 과거.
② 당신의 현재.
③ 당신의 미래.

간단한 모습의 이 스프레드는 3카드 스프레드의 원형이다. 가장 많이 쓰이는 스프레드이며, 초보자부터 중급자까지 어느 누구나 간단한 질문에 대한 답을 구하고자 할 때 많이 사용한다.

해석을 할 때 중요한 것은 주인공이 누구인지 찾아내는 것이다. 카드의 인물이 당신을 보는 관찰자인가 자신인가에 따라 완전히 다른 해석이 가능하다.

THE HIGH PRIESTESS

THE TOWER

THE EMPRESS

1

2

3

① 카드가 나를 바라보는 타인일 때

카드는 현명함과 동정심이 가득한 눈으로 나를 바라보았다. 노력을 게을리하지 않았다면 불행은 다가오지 않았을 것이다. 그러나 나의 현재에는 불행의 씨앗이 시작되고 있다. 다행히 미래에는 지력을 기본으로 한 영향력이 나를 바람직하게 변화시킬 것이다. 실제의 상황에 맞춰 본다면 누군가 나를 도와주려고 했으나 그 도움을 받을 만큼 부지런하지 않았기 때문에 현재 상태는 불운하다. 그러나 지금 그것을 깨닫고 노력한다면 도움을 통해 불운을 벗어나게 된다는 말이다. 즉, 지금 조금만 부지런을 떤다면 미래의 부를 거머쥘 수 있다는 뜻이다.

② 카드 속의 인물이 나일 때

과거에 나는 항상 연구하는 현명함과 지혜를 가지고 있었다. 하지만 그 때문에 지금의 태도는 지나치게 건방지다. 지금 내 태도를 바꾼다면 지혜는 더욱 발전할 것이며, 삶은 더욱 활력있게 변할 것이다. 실제의 상황에 맞춰 본다면, 돈을 벌기 위한 지혜를 가지고 노력하고 있었으나 이 때문에 얻은 금전적인 부유함이 지나쳐 불행의 전조가 보이고 있다. 지금 어려울 때로 돌아가 열심히 일한다면 다시 더 큰 부(富)를 얻게 된다는 해석이다.

2개의 예문을 보면 시각만 바꾸어도 여러 가지로 해석이 가능한 것을 볼 수 있다. 일단 현재에 무너지는 탑이 나왔다는 것은 현재가 정상적이지 않다는 것이다. 또 금전운이 만족스러울 때 금전운을 타로 카드로 점치는 일은 흔하지 않다. 지나친 금전운으로 거만한 상태이거나 혹은 불행의 전조, 불행한 상태이기 때문에 타로 카드에 질문을 하게 된 것이다.

또 중요한 것은 한 카드에 여러 가지의 뜻이 내포되어 있기 때문에 그것을 어떻게 조합하느냐에 따라서 상당히 다양한 해석이 나올 수 있다. 이때문에 초보자가 타로 카드로 점을 칠 때는 상대방에 대한 사전지식을 최대한 많이 가지고 있어야만 정확한 이야기를 얻을 수 있다.

마음이 불안하고 흔들릴 때

① 자신의 마음가짐과 상태. 주변에 대해 내가 느끼는 점이다.

② 주변에서 나를 보는 시각. 이를 통해서 나에 대해 주변이 긍정인지 부정인지를 확인할 수 있다.

③ 내가 받아들여야 하는 근접한 미래의 상황. 즉 결과 카드이다.

나 혹은 상대방의 상황을 기준으로 해석하는 카드이다. 여러 가지 키워드가 나와야만 해석이 쉽기 때문에 메이저 카드만 사용할 것을 권장한다.

이 스프레드는 아동상담을 할 때 좋은 결과를 얻을 수 있다. 질문자의 마음상태, 그가 주변에 보여지는 시각, 그에게 주어진 일을 미리 알아내서 상담가가 질문자의 신뢰를 획득할 수 있기 때문이다.

특히 자신보다 지나치게 어린 상대 혹은 나이든 상대와 타로 카드를 통해 만날 때는 상대방의 믿음이 있어야만 편안한 대화를 진행할 수 있다는 점을 기억하고 스프레드를 활용하도록 하자.

 예 문

1   2   3

현재 질문자는 주변의 세상이 너무 완벽하고 거대하다고 생각하며 짓눌리고 있다. 항상 완벽한 것은 당사자에게는 무서운 일이다. 주변에서는 질문자를 충실한 내조자, 보조자로 생각하며 여성적이고 순정적으로 생각한다. 심하게 생각하면 부려먹기 좋은 순진한 상대로 생각한다. 질문자는 현재 상태에 꽉 잡혀 있다. 사소한 일로도 남들은 받지 않는 벌을 받게 되거나 손해를 보게 된다. 끈기와 인내로 현재 상황을 견뎌내야 한다.

이 상황에서 벗어나는 것은 자신만의 독창성을 찾는 것이다. 스스로 완벽함을 소유하면 되는 것이다. 당신은 충분히 독재자의 기질을 지니고 있다. 게다가 다수를 위한 소수의 희생을 안타깝게 생각하지 않는다. 당신이 지위를 얻는 순간부터 주변에는 고통이 시작되겠지만 스스로는 만족감을 얻을 수 있을 것이다.

상대의 마음을 알고 싶을 때

① 상대방의 거울의 윤곽에 따라 나의 모습은 달라진다는 것을 기억해야 한다. 누구에게나 있는 선입견을 기준으로 비춰진 모습이다.

② 흔들리는 수면처럼 보이는 정확하지 않은 모습.

③ 딱히 이유를 알 수 없는 느낌을 말한다. 태도나 분위기에서 느껴지는 감각적인 모습이다.

※ ① + ② + ③의 전체적인 조합을 통해 해석할 수 있다.

※ 나의 모습을 볼 때는 1, 2, 3번의 순서로 놓고, 타인의 모습을 볼 때는 3, 2, 1의 순서로 놓는다.

원래 이 스프레드는 5장으로 이루어진 스프레드이다. 그런데 각 코트 카드를 따로 섞어야 하는 귀찮은 방법보다, 쉽고 간단한 3 카드 버전을 권한다. 이 스프레드는 5 카드 스프레드인 '숨겨진 진실을 찾고 싶을 때'를 사용하기 전 연습을 위한 것이다. 이 스프레드는 같이 있지 않은 상대와 나의 관계를 기준으로 마음을 보여주는 스프레드이다.

 예 문

1   2   3

　질문자가 바라본 사람은 변덕쟁이다. 군림하는 사람에 대해서는 절대 용서하지 못한다. 그녀 위에 군림하는 사람은(특히 남자는) 이겨 버려야 속이 시원하다. 그녀는 항상 만족하지 못하는 것으로 보인다. 항상 지금보다 높은 자리, 높은 지위, 많은 사람의 지지를 받는 것을 원한다.

　정확하게 알 수는 없지만 그는 빛나고 있다. 질문자에게는 태양이다. 질문자는 그 사람을 항상 바라보고 있다. 왜일까? 그것은 그녀가 바라본 상대가 자신에게 많은 것을 선사해주리라고 상상하고 있기 때문이다. 다행히도 그녀가 바라보고 있는 상대는 그러한 변덕과 독재적인 성격에도 불구하고 타인에게는 적당히 공평한 사람이다. 그녀를 제외한 다른 사람은 그의 독재자적인 경향을 아직은 알지 못하는 듯하다.

선택의 기로에 섰을 때

① 딜레마(궁지, 진퇴양난).

② 선택 1.

③ 선택 2.

이 진퇴양난 스프레드는 저자가 무척 자주 사용하는 스프레드이다. 책을 만들면서 과연 책을 만들어도 되나, 읽어줄 사람은 정말 많을까, 어떤 내용을 넣을까 등등을 고민하면서 이 스프레드를 많이 사용했지만 답은 비밀.

이 약칭 진퇴양난 스프레드의 특징은 선택 1과 선택 2가 동일한 카드가 나오는 경우가 많다는 점이다. 특히 78장을 모두 사용했을 경우, 연인 카드와 투 컵 카드가 나오는 경우를 여러 번 보았는데 이런 때는 정말 진퇴양난에 해당한다. 이를 방지하기 위해서는 메이저 카드만 사용하는 것이 좋다.

예 문

질문은 연애에 관한 것이다. 질문자는 상대방을 불안하고 여린 사람으로 생각하였기 때문에 많은 간섭을 하였다. 지금 질문자는 고민을 하고 있다. 지금 포기할 것인가, 자신은 상대방을 배려한다고 생각하지만 군림하고 있었던 과거로 돌아갈 것인가를.

| 1 | 2 | 3 |

내가 바라는 것, 나를 방해하는 것

| 1 | 2 | 3 |

① 희망(소망, 때로는 신뢰).

② 근심(공포, 우려).

③ 반대(저항, 방해, 대립).

흔히 공상가(Dreamer)라고도 부르는 이 스프레드는 자신이 하고 싶은 일에 방해자가 어떤 상태인가를 보는 것이 가장 중요하다. 내가 원하는 것이야 분명하게 알고 있고, 근심 또한 내가 알고 있는 것이지만, 3번 카드에 해당하는 방해·저항·대립되는 것이 어느 정도의 강약인가에 따라 일의 성패가 달라지게 되기 때문이다.

해석을 할 때는 3번 카드를 먼저 읽도록 한다. 1, 2번 카드는 질문자에게 어떤 상황인지 읽으면서 물어보아도 좋다.

 예 문

1

2

3

저자는 책이 조용하게 제작되기를 원하였고, 물론 가장 큰 공포는 국내에서 처음 나오는 책이란 사실이다. 조용하거나 시끄럽거나 모든 것은 운명에 달려 있는 것. 결과는 아무도 모르는 것이다.

3 카드 스프레드 만들기

```
┌─────┐   ┌─────┐   ┌─────┐
│     │   │     │   │     │
│  1  │   │  2  │   │  3  │
│     │   │     │   │     │
└─────┘   └─────┘   └─────┘
```

조건이 3가지가 되는 방정식이라면 무엇이든 가능하다. '아버지, 어머니, 나' 이렇게 세 식구의 다음날 운세 같은 스프레드를 만들 수도 있다. 다만 중심이 되는 키 포인트를 잘 잡는 것이 필요하다.

세 식구의 매일 운세 스프레드라면 중심은 당연히 나이므로 2번 위치에 자리한다. 왼손잡이라면 왼쪽에 오른손잡이라면 오른쪽에 아버지를 위치하는 것이 좋다. 주로 사용하는 손이 아버지, 반대편이 어머니이다. 이는 실용성과 정신적인 측면을 상징하기 때문이다. 어머니는 정신적인 양육을 아버지는 금전적이고 실질적인 양육을 담당하기 때문이다. 양손잡이의 경우에는 오른손잡이를 기준으로 하는 것이 일반적이다.

 예 문

THE HIGH PRIESTESS

1

THE EMPEROR

2

THE FOOL

3

점을 치는 '나'는 이기주의적인 성향을 가지고 있다. 물론, 우리 가정의 정신적인 지주는 아버지이다. 내일 나는 나의 주장대로 모든 것을 처리할 수 있을 것이다. 물론 그 주장에는 아버지라는 배경이 존재한다. 아버지는 내일 중요한 결정을 하게 되며, 아마도 어머니와 연관된 일이 될 것이다.

제 7 장

중급자를 위한 멀티 스프레드

3 카드 스프레드 다음으로 유명한 것이 5장을 이용한 스프레드들이다. 대개 펜타클 스프레드(Pentacle Spread)라고 부르는데 5각형으로 놓기 때문이다. 오망성 또는 역오망성 스프레드라고 많이 부르고 있다. 실제로 5개를 놓는 스프레드는 5각형이 아니고도 많이 있다.

1년 운세

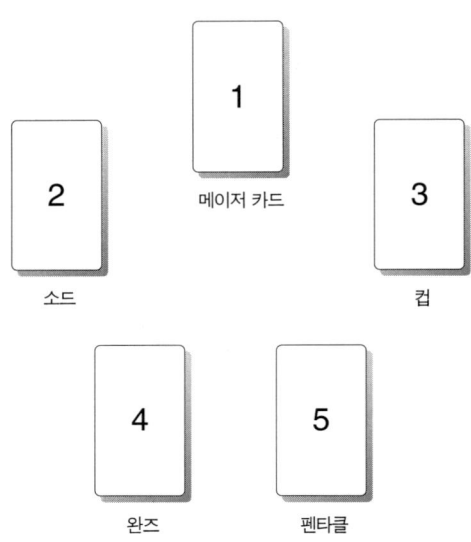

① 1년 운세 중 가장 많은 것을 차지하는 부분.

② 가로막는 카드, 문제.

③ 사태를 대하는 질문자의 감정, 마음가짐.

④ 실행할 힘.

⑤ 주변 환경, 금전, 실재의 재능(근본).

※ 읽는 순서 : ① → ② → ⑤ → ③ 또는 ④

1년 운세를 보는 스프레드로 3 카드와는 달리 각 코트 카드를 따로 섞어서 선택한다. 이러한 방식은 클래식 타로에 많이 등장하는데 1년 운세 스프레드의 특징은 활동을 방해하는 것을 소드로, 마음가짐을 컵으로, 힘을 완즈로 마지막으로 재능을 펜타클로 표현한 점이다.

이러한 스프레드를 속성 스프레드(Attribute Spread)라고 하는데 각 슈트 카드를 물, 불, 바람, 흙의 속성으로 나누어 표현하기 때문이다. 중급자 이상은 이를 이용하여 새로운 스프레드를 만들 수 있으리라 생각한다.

 예 문

• 1년 운세 ― 금전

해석 ― 질문자의 금전운은 원하는 것의 현실화(성취)가 그 키워드다. 그러나 그곳은 타인을 패배시키고 자신이 승리하는 상황에서만 가능하다. 즉 어떠한 상황에서 유리한 고지를 점령해야만 질문자의 금전운이 트인다(?)는 뜻이다. 그러나 질문자가 그것을 위해 열심히 노력하고 여유를 가지고 추진력 있게 행동한다면 자신이 원하는 바를 얻을 수 있을 것이다.

마스터의 해석 ― 질문자의 금전운은 원하는 만큼 성취될 것이다. 다만 그는 비슷한 입장에 놓인 여러 사람을 알고 있다. 자신이 가장 먼저 정보를 입수해서 유리한 입장에 놓여야 한다. 물론 질문자는 그 정도의 능력을 가지고 있다. 다행히도 경쟁자들은 교우관계와 밀접한 상태에 놓인 사람들은 아니라고 생각된다.

THE WORLD

1

FIVE OF SWORD

2

ACE OF CUP

3

FOUR OF WANDS

4

EIGHT OF PENTACLES

5

타로 카드 길잡이

숨겨진 진실을 찾고 싶을 때

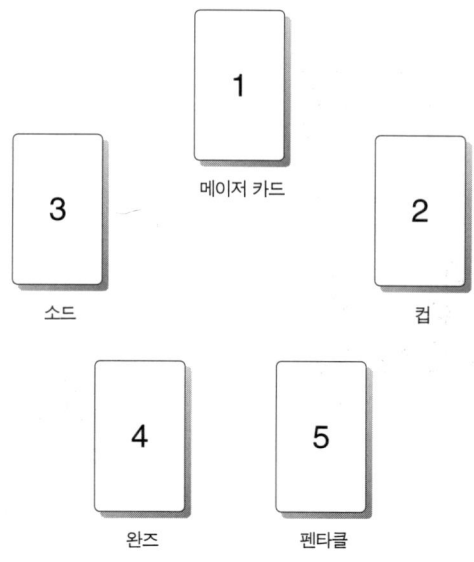

① 가장 깊은 곳의 본능, 선입견, 관념. 가장 원하는 것이 무엇인지 드러난다.

② 내가 현재 가지고 있는 것(재능, 금전 등) → 1장 더 꺼내도 무방하다.

③ 자신의 마음상태.

④ 과거의 경험(⑤의 이유).

⑤ 그 사람을 상처입히는 것.

※ 읽는 순서 : ④ → ⑤ → ① → ③ → ②

이 스프레드는 질문 없이 보는 몇 안 되는 스프레드이다. 주로 상담자가 찾아온 손님의 본심을 알기 위해 사용하는 스프레드이다. 질문자를 지루하게 만들면 안 되기 때문에 빨리 읽어내야 하는 속성 리딩이다. 이 스프레드를 통해서 질문자가 왜, 상담자를 찾아왔는지 알아낼 수 있다. 돗자리를 깔 생각이라면 꼭 연습해 두어야 하는 스프레드이다.

예 문 ①

JUSTICE

1

FOUR OF SWORDS

3

FIVE OF CUP

2

FIVE OF WANDS

4

EIGHT OF PENTACLES

5

- 연애

해석 — 과거에 연애에 있어서 어려움이 있었고 그로 인해 어쩔 수 없이 휴식 상태에 들어갔다. 그리고 지금 어떠한 결단을 내리기를 원한다. 그것은 아마 연애를 다시 시작해야 할지에 대한 결단일 것이다. 질문자는 그가 원하는 것을 성취할 만한 준비가 되어 있으나 자신의 선택에 대한 후회는 있을 것이다.

마스터의 해석 — 이런 바람둥이 아가씨 같으니라고! 삼각관계의 지속을 즐기다가 문제가 생긴 상태. 사실 둘 중 어떤 사람을 더 좋아하는지 판단을 하지 못했기 때문이다. 판단에 관한 문제를 물어보려고 찾아온 상태. 선택을 하면 남은 하나가 더 좋지 않을까 하는 미련을 떨쳐 버리지 못하는 아가씨이다. 주변에 누군가가 있어야 하는 타입이기 때문에. 하지만 걱정하지 않아도 좋다. 당신에게 남아 있는 한 사람은 항상 당신에게 좋은 보호자가 되어줄 사람이기 때문이다.

 예 문 ②

- 연애

해석 — 질문자는 자신이 원하는 것을 이루었지만 누군가를 사귀었다는 뜻이 될 수 있다. 휴식상태에 있기를 바랬다. 편안함을 너무나도 추구한 나머지 그것이 오히려 질문자에게 상처가 되었다. 그러나 질문자는 아직도 누군가와 사귀기를 원하고 있으며, 자신이 가지고 있는 것에 대해 집착하고 있다.

마스터의 해석 — 아직 연애에 대한 환상을 버리지 못한 상태. 게다가 욕심이 많다. 현재 한 사람과 냉전기를 가지고 있지만 또 다른 남자가 나타난 상태이다. 버리긴 싫지만 새로 만나게 된 사람도 마음에 드는 모양이다. 둘 다 놓치기 싫다면 좀더 자신의 마음이 와 닿는 사람을 선택하길 권장하는 것이 좋다.

THE EMPRESS

1

FOUR OF SWORDS

TWO OF CUP

3

2

SIX OF WANDS

FOUR OF PENTACLES

4

5

타로 카드 길잡이

내 인생의 행로

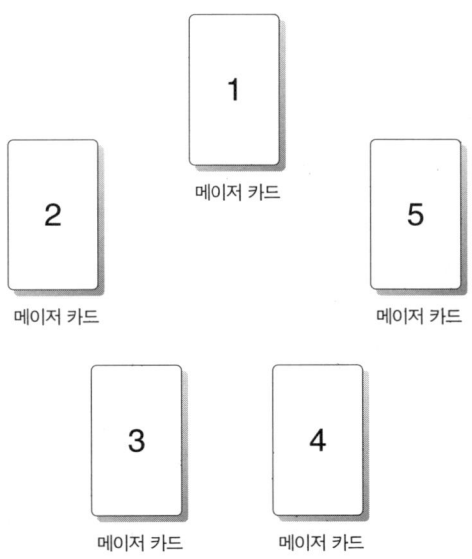

① 해결방법.

② 현재 상황, 마음상태.

③ 가로막는 것, 원래 해야 하는 것.

④ 문제점.

⑤ 해야 하는 것, 목표.

※ ① 또는 ⑤는 한 장 더 뽑을 수 있다.

※ 읽는 순서 : ① → ④ → ③ → ② → ⑤

　대학입시에서 전공을 선택하거나 직업을 선택하는 등에 좋은 스프레드이다. 중요한 것은 당신이 찾아야 할 바로 그것을 알려준다는 점이다. 해석에 있어서의 주안점은 1번 카드. 자신의 것을 보는 경우를 제외하고는 가장 많이 나오는 카드가 법 카드인데, 이때는 한 장 더 뽑아 추가 설명을 하자.

 예 문 ①

JUSTICE

1

THE CHARIOT

2

THE HANGED MAN

5

STRENGTH

3

THE HIGH PRIESTESS

4

• 연애

해석 ― 질문자는 현재 무언가를 판단하여 자신이 결정한 대로 나아가기를 원하고 있다. 그것을 자신이 원하는 대로 하고 싶지만 자신의 정신적인 성장의 추구를 더욱 갈망하고 있으므로, 연애와 정신적 성장 중 하나를 희생해야 할 것이다. 주의하여 판단하라. 그리고 이 판단의 결정권은 항상 질문자(당신의 능력)에게 있다.

마스터의 해석 ― 당신이 원하는 것은 힘, 특히 지위와 권력이다. 이것은 당신의 학력과 깊은 연관이 있으리라 생각된다. 때문에 연애는 사실 뒷전으로 미뤄나야 정상이다. 당신은 지금 중대한 선택의 기로에 놓여 있다. 당신이 미래를 위한 선택을 한다면 연애는 물 건너 간다. 당신 스스로도 이미 선택을 하고 있지 않은가?

 **예 문 ②**

• 연애

해석 ― 질문자가 지금의 어려움을 해결해 나갈 방법은 자신을 희생하는 것이다. 질문자는 지금 주위에 많은 사람들이 있음에도 불구하고 고독하며 또한 자신의 마음을 비우려고 노력하고 있다. 질문자는 자신의 난관을 극복하려 하지만 자기 속에 틀어박혀 나오려 하지 않는 성격이 그것을 힘들게 하고 있다. 질문자는 누군가를 자신에게 묶어 두려 하지만(또는 누군가에게 묶이고 싶어하지만) 결국 마지막에 남는 것은 질문자 한 사람일 것이다.

마스터의 해석 ― 상황에 얽매이는 것은 스스로 구석으로 파고들기 때문이다. 선택권을 가지고 있음에도 불구하고 남이 선택하길 바란다면 항상 결과는 나오지 않는다. 자신이 희생하면 모든 것이 해결된다고 생각한다면 그렇게 해도 좋다. 하지만 항상 지금 같은 상황에서 벗어날 수 없을 것이다.

THE HANGED MAN

1

THE STAR

2

THE DEVIL

5

STRENGTH

3

THE HERMIT

4

연애 운세

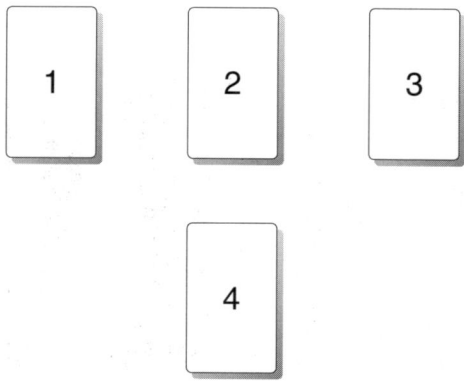

① 질문자의 마음상태.

② 주변의 의견이나 주변으로부터의 유혹.

③ (④번의 조건이 충족될 경우의)가장 바람직한 상태.

④ 조건 제시.

※ 메이저 카드만 사용, 애정 운을 볼 때에는 공백 카드는 제외!

연애 운세 스프레드는 말 그대로 연애 점을 치는 스프레드이다. 가끔은 흔들리는 마음의 상태를 점검하기 위해서도 필요하지만, 그때는 내 인생의 행로 스프레드를 사용하기 바란다. 애매모호하게 해석이 될 수 있으니 핵심이 있는 질문을 하는 것이 좋다.

예 문

1

2

3

THE EMPRESS

4

해석 — 질문자는 애정 관계에 있어서 주도권을 잡고 있으며 자신의 고집을 내세우는 편이다. 주변에서는 질문자의 상태를 매우 긍정적으로 보고 있다. 질문자가 여성적인 매력(편안함?)을 가지고 더 다가선다면 정신적으로 더 나은 관계로 발전할 수 있을 것이다.

마스터의 해석 — 항상 외로움을 타는 당신은 어리광이 심하다. 이러한 이유로 주변 사람들은 당신을 아주 귀여운 여자라고 생각한다. 그걸 이용하지만 않는다면 좀더 많은 관계를 풍요롭게 유지할 수 있을 것이다. 아직은 당신은 순수한 인간관계를 즐기는 편이다. 어리광보다는 모성본능을 좀더 펼치는 것이 좋을 것이다.

금전 운세

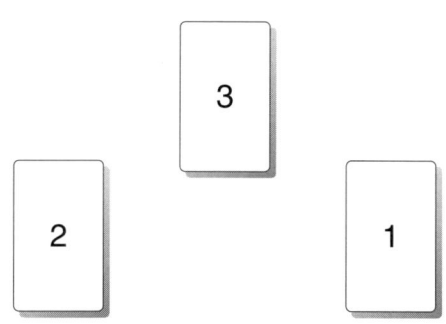

① 자신의 금전 운.

② 주변(나에게 금전적으로 도움을 줄 수 있는 사람들)에서의 원조, 도움.

③ 가까운 미래에 나타날 카드.

※ 메이저 카드만 사용. 배경의 상태(날씨 등)를 먼저 관찰할 것!

금전 스프레드는 현재의 금전 운과 바로 앞의 금전 운(1~3개월 이내)을 비교하여 보여준다. 금전은 내가 만드는 것이 아니라 남이 나에게 주는 것이다. 학생은 부모님이나 친척에게서 받을 것이고 직장인은 직장에서 받을 것이다. 때문에 가장 중요한 것은 2번 카드이다.

신변잡기 스프레드

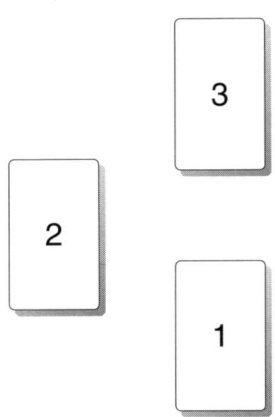

① 나, 현재 상태(마이너 카드 가능).

② 조건(마이너 카드 가능).

③ 미래(메이저 카드만!).

　초보자들이 가장 궁금해 하는 카드와의 대화가 이 스프레드를 통해 이루어질 수 있다. 학업이나 기타 등등 주변의 일들을 모두 물어볼 수 있어 신변잡기 스프레드라고도 부른다. 누구나 사용해도 좋고 초보자도 충분히 해석이 가능하다. 중요한 것은 1번 카드 현재의 상태이다.

　이 스프레드를 사용할 때는 메이저 카드와 마이너 카드를 나눈 다음, 마이너 카드를 셔플하여 1, 2번 카드를 선택하고 마지막으로 메이저 카드를 선택하여 3번 카드를 선택하도록 한다. 초보자의 경우는 모두 메이저 카드만 사용하도록!(스프레드의 내용이 학업뿐만이 아니라 질문자 주변의 여러 일들에 대한 질문에 충분히 답할 수 있는 듯하여 제목을 신변잡기 스프레드라고 붙였음. 일명 '나에게 말해 줘!' 스프레드로도 부른다. 소소한 일들에 쓸모가 있을 듯…….)

예 문

3

2

1

• 카드와 나와의 관계는 앞으로 어떻게 될까?

해석 — 질문자는 지금 매우 만족한 상태이며 질문자가 좀더 힘(추진력, 자신감 등)을 가지고 카드를 대한다면 정신적 성장을 이룰 수 있을 것이다.

마스터의 해석 — 질문자는 카드를 통해서 정신적인 발전을 이루고 싶어한다. 좀더 공부를 열심히 한다면 당연히 원하는 것을 얻을 수 있을 것이다. 또 현재 카드를 통해서 충분한 만족과 풍요로움을 느끼고 있다.

제 8 장

금전 · 애정 · 학업별로 본 카드 해석

앞부분에서 설명한 과거 · 현재 · 미래 스프레드를 통해 직접 점을 보는 연습을 해보도록 하자. 지금부터 우리는 22장의 메이저 카드를 통해 점을 볼 것이다. 이 책은 초보자를 위한 것이므로 역 부분의 사용은 제외하였다. 이 부분은 자신의 카드 읽기와 비교하여 역과 나머지 마이너 카드 부분의 해석을 할 수 있도록 도와주는 부분이다. 키워드에는 정 방향만 보아도 부정 부분과 긍정 부분을 둘 다 가지고 있다. 따라서 어느 걸 선택하는가는 스스로의 선택이다.

확실히 알고 싶을 때는 금전은 펜타클, 애정은 컵, 학업은 완즈를 가지고 각 슈트를 셔플하여 긍정인지 부정인지 확인해 보도록 하자. 라이더 웨이트 타로를 기준으로 하였으며, 다른 카드의 경우에는 조합법을 참조하여 자신이 새롭게 개량하도록 하자.

0 광대 The Fool

정 — 바보스러움, 매니아, 사치, 열광, 광란, 격분.

역 — 무관심, 태만, 부재, 배분, 배포, 부주의함, 무감정, 무효, 자만.

금전에서 과거 위치에 있을 때 당신의 어이없는 사치스러운 소비로 인하여 손해를 볼 수 있다.

금전에서 현재 위치에 있을 때 당신은 수집욕에 불타고 있다. 당신이 열광하고 있는 존재에 싫증나게 되었을 때 당신의 분노를 고려하는 편이 좋겠다.

금전에서 미래 위치에 있을 때 당신은 미래에도 매니아적인 사치를 버리지 못할 것이다.

애정에서 과거 위치에 있을 때 당신에게 있어서 애정은 사치일지도 모른다. 아직 당신은 완성된 상태가 아니기 때문이다.

애정에서 현재 위치에 있을 때　상대방이 이해할 수 없을 정도의 감정의 기복을 보여 주었다면 바로 사과하는 편이 좋다.

애정에서 미래 위치에 있을 때　당신은 특이한 취향의 소유자이다. 결과는 알 수 없다.

학업에서 과거 위치에 있을 때　당신은 좀 바보 같은 짓을 저질렀다.

학업에서 현재 위치에 있을 때　당신은 학업에 편식이 심한 상태이다. 그것은 당신으로서는 사치이다.

학업에서 미래 위치에 있을 때　당신은 원하는 장르를 선택할 수 있을 것이다. 그러나 격분하는 태도는 지금 고치는 편이 좋다.

1 마법사 The Magician

정 — 기술, 협상, 연설, 병, 고통, 잃음, 재난, 자기신뢰, 의지, 남성일 경우 질문자 자신.

역 — 의사, 마법사, 마음의 병, 불명예, 불안.

금전에서 과거 위치에 있을 때　긍정적 의미와 부정적 의미를 동시에 가지고 있다. 당신은 과거에 병이나 고통, 손실을 경험한 경우가 있다. 또는 당신은 과거에 자신의 기술과 능력에 대한 신뢰를 가지고 있었다.

금전에서 현재 위치에 있을 때　당신은 과도기 상태에서 고통을 받고 있거나 자기 신뢰가 지나쳐 당신의 능력을 제대로 발휘하지 못하는 상황일 수 있다. 이 카드는 남성일 경우 스스로를 의미하기도 한다.

금전에서 미래 위치에 있을 때　당신의 미래는 밝지 않다. 이 카드는 과거나 현재에 위치해야 하는 시발점의 카드이기 때문이다. 당신은 고통을 받거나 새로운 자기자신을 시험하는 여러 가지 일에 계속 시달릴 것이다.

애정에서 과거 위치에 있을 때   여성의 경우 지나친 수다. 자기자신의 자만심에 도취되어 있었다. 혹은 남성의 경우 자기신뢰 및 의지가 지나쳐 상대방에게 고압적인 태도를 취한 적이 있다.

애정에서 현재 위치에 있을 때   당신은 지금 상대방과 줄다리기 중이다. 당신에게는 스스로에 대한 신뢰가 있으므로 걱정할 필요는 없다. 언제나 현재 진행 중인 사랑은 서로에 대한 줄다리기인 것.

애정에서 미래 위치에 있을 때   이 극단적인 카드는 애정운을 위한 키워드에 있어서도 긍정과 부정 모두를 가지고 있다. 긍정의 경우 '너 자신을 믿으라.' '너의 의지를 기억하라.' 이다. 부정의 경우 실패 · 고통 · 손실을 이야기한다.

학업에서 과거 위치에 있을 때   당신의 훌륭한 학업능력이나 당신의 피나는 노력을 의미하거나, 당신이 과거에 병이나 상황으로 인해 학업에 지장을 주었음을 의미한다.

학업에서 현재 위치에 있을 때   스스로에 대한 학업의 자신감을 의미하거나 학업에 제한을 받을 만한 상황(병이나 주변에서 오는 압박이나 고통으로 인한)에 처해 있음을 의미한다.

학업에서 미래 위치에 있을 때   당신이 질문하기 전에 미래에 대한 자신감을 피력하였다면 당신의 자신감을, 그리고 당신 스스로에 대한 믿음을 이야기한다. 반대로 미래의 학업 운에 고통이 존재함을 의미하기도 한다.

2 고위 여사제 The High Priestess

정 — 비밀, 신비, 아직 밝혀지지 않은 미래, 질문자가 남성일 경우 질문자에게 관심이 있는 여성, 질문자가 여성일 경우 그 자신, 침묵, 집착, 지혜, 과학.

역 — 열정, 도덕이나 육체적인 정열, 자부심, 겉핥기식 지식.

금전에서 과거 위치에 있을 때 이 카드는 금전과는 별로 연관이 없는 카드이다. 과거 위치에 나왔을 때는 과거에 금전에 대해서 할말이 없음을 의미하거나 금전에 집착하는 당신에게 보여지는 카드이다. 금전에 있어서 지혜가 필요했음을 의미하기도 한다.

금전에서 현재 위치에 있을 때 당신은 금전을 운용함에 있어서 지혜를 가지고 움직이는 사람이다. 당신은 금전에 집착하지 않는 사람이다.

금전에서 미래 위치에 있을 때 당신의 금전 운세는 아직 정해지지 않았다. 그러나 당신은 스스로가 가지고 있는 재능으로 금전 운세는 나쁘지 않을 것이다.

애정에서 과거 위치에 있을 때 당신은 타인보다는 스스로에 대한 애정이 더 깊은 사람이다. 지혜와 관심은 스스로에게 집중되어 있었다.

애정에서 현재 위치에 있을 때 당신은 여성에 의해 스스로의 존재를 인지하고 애정이 시작되었다. 여자일 경우, 당신은 신비스러운 여자이다. 아직 당신은 남성을 동반자로 인식하고 사귀려고 하는 마음은 가지고 있지 않다.

애정에서 미래 위치에 있을 때 남자일 경우, 이제 당신은 이상형을 만나게 될 것이다. 당신 스스로 자신이 남성이라는 것을 인지하게 될 정도의 여자를 말이다. 당신은 미래에도 타인보다는 스스로에 대한 관심을 더 깊게 가질 것이다.

학업에서 과거 위치에 있을 때 당신은 지혜를 가지고 있으므로 특별히 나쁜 성적을 받거나 하지 않았다.

학업에서 현재 위치에 있을 때 당신은 지혜를 가지고 있지만, 학업에 집착하는 것도 때로는 사회생활을 방해하기도 한다.

학업에서 미래 위치에 있을 때 당신의 미래 운은 아직 정해지지 않았다. 다만 당신은 어떤 상황이더라도 당신의 지혜와 직관력으로 해결할 수 있을 것이다.

3 여왕 The Empress

정 — 결실, 행동, 개시, 낮 동안의 길이, 비밀스럽게 행해지는 것, 어려운, 의심하는, 무시.

역 — 빛, 진실, 문젯거리를 해결하다(다른 카드들의 해석과 연계된), 공적인 환회, 주저함.

금전에서 과거 위치에 있을 때 과거에 금전을 얻기 위해 의지를 가지고 노력을 시작하였다.

금전에서 현재 위치에 있을 때 당신은 다른 사람들 모르게 노력하고 있다. 어쩌면 무시당할 수도 있는 상황 때문이다.

금전에서 미래 위치에 있을 때 당신은 결실을 얻을 것이다. 물론 주변으로 인해 어려운 일을 겪게 되겠지만, 숨겨 놓은 비밀스러운 계획을 실현할 것이다.

애정에서 과거 위치에 있을 때 당신은 이성에 관심이 있다는 사실을 숨기고 있었다. 애정에는 소극적인 자세가 가장 큰 벽이다.

애정에서 현재 위치에 있을 때 당신이 지금 행복을 얻지 못했다면 그것은 당신 스스로 성공할 수 없다고 생각하고 있기 때문이다.

애정에서 미래 위치에 있을 때 당신은 결실을 얻을 수 있다. 주변의 불만스러운 태도는 당신의 의지에 피해를 끼치지 않을 것이다.

학업에서 과거 위치에 있을 때 당신은 혼자서 열심히 공부해 왔다. 혹은 주변의 도움 없이 혼자서 공부하기란 어려운 것이라고 생각한다.

학업에서 현재 위치에 있을 때 당신은 열심히 노력하고 있다. 그것으로 충분하다. 만약에 지금, 당신이 노력할 시기를 허비하고 있다면 정신을 차리는 편이 좋다.

학업에서 미래 위치에 있을 때 당신은 좋은 결과를 얻을 것이다. 그러나 남들이 보기에는 그 결과가 미약한 것으로 보일 수도 있다.

4 황제 The Emperor

정 — 안전성, 권력, 보호, 위대한 사람, 원조, 정당성, 유죄 선고.

역 — 박애심, 측은지심, 신용이나 적을 헷갈림, 방해물, 미성숙.

금전에서 과거 위치에 있을 때　당신은 금전적 손실의 배제를 최우선으로 생각하는 사람이다. 그러나 현재 카드에 손실이 나온다면 그것 또한 정당한 결과이다.

금전에서 현재 위치에 있을 때　당신은 정당한 방법을 사용하는 것을 우선시하는 사람이다. 당신은 스스로 가지고 있는 것을 보호할 수 있는 사람이다.

금전에서 미래 위치에 있을 때　당신은 권력과 안정을 얻을 것이다. 그것은 주변 사람의 원조가 바탕이 될 수도 있다.

애정에서 과거 위치에 있을 때　당신은 선택에 있어서 우선권을 가지고 있는 멋진 사람이다. 그것은 당신에게 충분히 정당한 권력이다.

애정에서 현재 위치에 있을 때　당신은 지금 충분히 누리고 있다. 당신의 현재 상태를 유지하기 위해서 남에게 피해를 주지 않는 편이 좋다.

애정에서 미래 위치에 있을 때　당신은 죄인이 될 것이다. 절도죄를 범했다. 이것은 유죄이다. 죄목은 사람의 마음을 훔친 죄(?).

학업에서 과거 위치에 있을 때　당신은 학업에 있어서 지속적으로 노력할 수 있었다. 물론 주변의 원조와 도움이 없었다면 불가능했을 일.

학업에서 현재 위치에 있을 때　공부는 중요한 일. 주변에서는 학업을 최우선으로 생각하고 있다. 물론 당신은 기대를 한몸에 받고 있다.

학업에서 미래 위치에 있을 때　당신은 모든 상황을 자신에게 맞게 변화시킨 위대한 사람이 될 것이다. 당신의 권력으로 또 다른 사람이 당신의 자리에

설 수 있도록 자신의 시작을 잊지 말도록 하자.

5 교황 The Hierophant

정 — 결혼 수락, 포로, 어떠한 원인에 의해 예속되다, 자비와 친절, 영감, 질문자가 의지하는 사람.

역 — 상류사회, 바른 이해, 일치, 지나친 친절, 나약함.

금전에서 과거 위치에 있을 때　당신은 부모, 친척, 애인에 의해 금전적인 선택권을 빼앗긴 상태이다.

금전에서 현재 위치에 있을 때　당신에게 친절을 구하는 사람이 있더라도 다시 받을 수 있을 가능성이 없으므로 조심하라.

금전에서 미래 위치에 있을 때　당신은 결혼으로 인해 금전적인 권리를 상대방에게 예속당할 것이다. 물론 당신은 자비심을 가지고 한 일이므로 불편을 느끼지는 않을 것이다.

애정에서 과거 위치에 있을 때　당신은 한눈에 반해 버렸다. 상대의 조건이나 외모는 현재 따질 수 있는 상태가 아니다.

애정에서 현재 위치에 있을 때　당신은 지금 사랑에 빠진 상태이다. 만약 결혼을 앞에 두고 있다면 지금 승낙을 하는 편이 좋다. 어차피 미래에 승낙할 상대이기 때문이다.

애정에서 미래 위치에 있을 때　결혼이나 연애가 혹시 종속관계로 생각하는 것은 아닌지……. 긴장을 풀고 생각해 본다면 해피엔딩. 당신은 결혼 서약에 '예' 라고 답할 것이다.

학업에서 과거 위치에 있을 때　당신은 과거에 학업을 부모에게 밀려서 억지로 하는 지겨운 일이라고 생각한 것 같다.

학업에서 현재 위치에 있을 때　당신은 자신의 의지와는 상관없는 공부를 하고 있다. 새로운 선택을 할 만한 여유가 없으며 당신에게는 선택권이 없다.

학업에서 미래 위치에 있을 때　당신은 평생 공부만 하고도 살 수 있는 사람이다.

6 연인 The Lovers

정 — 매혹, 사랑, 미(美), 재판에서의 승소.
역 — 실패, 멍청한 계획.

금전에서 과거 위치에 있을 때　당신은 순수한 금전의 매력에 빠졌거나 혹은 유혹에 넘어간 적이 있다.

금전에서 현재 위치에 있을 때　당신은 지금 아름다운 것을 위해서 금전을 소비하는 것에 전혀 죄책감을 느끼지 못하고 있다. 조금 자제하는 편이 좋다.

금전에서 미래 위치에 있을 때　당신이 금전적인 요인으로 재판을 진행하고 있다면 결과는 당신의 승리가 될 것이다.

애정에서 과거 위치에 있을 때　당신은 자신의 아름다움을 가지고 사랑을 추구하였다. 혹은 상대방의 미모 때문에 사랑에 빠졌다.

애정에서 현재 위치에 있을 때　당신은 현재 사랑을 구하거나 사랑을 하는 중이다.

애정에서 미래 위치에 있을 때　당신은 사랑을 얻을 것이다.

학업에서 과거 위치에 있을 때　당신은 순수한 지식 자체에 매혹되어 있다.

학업에서 현재 위치에 있을 때　당신은 학업에 매료되어 있다.

학업에서 미래 위치에 있을 때　당신은 계속 학업을 진행할 것이다.

7 전차 The Chariot

정 ― 신의 의지, 섭리, 전쟁, 승리, 추정, 앙갚음, 문젯거리.

역 ― 폭동, 다툼, 논쟁, 소송, 패배.

금전에서 과거 위치에 있을 때 당신은 문제를 안고 있었다.

금전에서 현재 위치에 있을 때 당신은 현재 상태에 순응하는 편이 좋다.

금전에서 미래 위치에 있을 때 당신이 경쟁에서 승리한다면 당신은 원수를 갚을 수 있을 것이다.

애정에서 과거 위치에 있을 때 당신은 문제를 안고 있다.

애정에서 현재 위치에 있을 때 승리를 원한다면 신의 섭리를 따르는 편이 좋다.

애정에서 미래 위치에 있을 때 당신이 미래에는 복수를 할 수 있을 것이라고 생각한다면 결과는 섭리와 인과응보에 달려 있다.

학업에서 과거 위치에 있을 때 당신은 전쟁 상태(입시전쟁?)에 있었다.

학업에서 현재 위치에 있을 때 당신은 지금 전투 상태에 있다. 이것은 당연한 것이다. 당신은 지금의 어려움을 미래에 갚을 수 있을 것이다.

학업에서 미래 위치에 있을 때 당신이 노력한 대로, 신의 의지대로, 그리고 섭리대로 이루어질 것이다.

8 힘 Strength

정 ― 힘, 에너지, 행동, 용기, 고결함.

역 ― 독재, 권력에 중독됨, 나약함, 내분.

금전에서 과거 위치에 있을 때 당신은 순수한 용기를 가지고 노력하고 있다.

타로 카드 길잡이

금전에서 현재 위치에 있을 때 당신의 에너지를 충분한 행동으로 소비하라. 당신이 해야 할 것은 현재의 노력이다.

금전에서 미래 위치에 있을 때 당신은 순수한 의지를 가지고 있기 때문에 미래를 얻을 만한 에너지를 가지고 있다.

애정에서 과거 위치에 있을 때 당신은 용기를 가지고 노력해 왔다.

애정에서 현재 위치에 있을 때 지금은 용기를 내야 할 때이다. 당신에게는 그럴 만한 에너지가 있다.

애정에서 미래 위치에 있을 때 당신은 결과에 만족할 것이다.

학업에서 과거 위치에 있을 때 매일매일을 노력으로 채우며 살아왔다.

학업에서 현재 위치에 있을 때 당신은 현재에 충실한 사람이다.

학업에서 미래 위치에 있을 때 당신은 결과에 만족할 것이다.

9 예언가 The Hermit

정 — 특히 반역이나 대역죄, 위선, 사기, 파멸에 조심해라.

역 — 은닉, 변장, 방책, 두려움, 이유 없는 경고.

금전에서 과거 위치에 있을 때 과거에 이미 사기당한 과거가 있지 않은가?

금전에서 현재 위치에 있을 때 과거에 돈을 빌려 주거나 투자했다가 현재 사기를 당한 상태인가?

금전에서 미래 위치에 있을 때 사기를 당하거나 파산에 처한다.

애정에서 과거 위치에 있을 때 아직도 과거의 상대방 혹은 자신의 행동이 애정이라고 생각한다면 그것은 현재의 파멸을 낳는다.

애정에서 현재 위치에 있을 때 당신이 위선적인 행동을 했거나, 당신이 위선적인 행동을 당한 상태.

애정에서 미래 위치에 있을 때 좋지 않은 결과. 배신.

학업에서 과거 위치에 있을 때 당신은 과거에도 속은 적이 있다.

학업에서 현재 위치에 있을 때 당신은 현실을 직시하고 있지 않다.

학업에서 미래 위치에 있을 때 당신의 조언자에 의해 불행한 결말을 맞는다.

10 운명의 수레바퀴 Wheel of Fortune

정 — 운명, 성공, 행운, 행복.

역 — 증가, 풍요, 여분이 많이 남은.

금전에서 과거 위치에 있을 때 충분히 부유함을 누렸다.

금전에서 현재 위치에 있을 때 지금 현재 충분한 상태이다.

금전에서 미래 위치에 있을 때 충분한 부유함을 얻을 것이다.

애정에서 과거 위치에 있을 때 당신은 행복한 상태였다.

애정에서 현재 위치에 있을 때 당신은 행복한 상태이다. 이런 상태에서 왜 카드점을 치는가?

애정에서 미래 위치에 있을 때 좋은 결과.

학업에서 과거 위치에 있을 때 운명은 행복을 주었다.

학업에서 현재 위치에 있을 때 운명이 당신을 이끌어 갈 것이다.

학업에서 미래 위치에 있을 때 행운이 함께 할 것이다.

11 법 Justice

정 — 공정함, 올바름, 정식, 집행부.

역 — 모든 조직의 법률, 고집불통, 선입관, 엄격함, 가혹함.

금전에서 과거 위치에 있을 때	적절한 수완을 가지고 있었다.
금전에서 현재 위치에 있을 때	지금 스스로의 몫을 정당하게 받고 있다.
금전에서 미래 위치에 있을 때	결과는 공정한 것이며 제대로 된 것이다.

애정에서 과거 위치에 있을 때	당신은 공정한 선택을 하였다.
애정에서 현재 위치에 있을 때	당신은 누가 봐도 옳은 행동을 하고 있다.
애정에서 미래 위치에 있을 때	좋은 결과.

학업에서 과거 위치에 있을 때	선택은 옳은 것이었다.
학업에서 현재 위치에 있을 때	올바른 선택을 하게 될 것이다.
학업에서 미래 위치에 있을 때	공정한 결과를 얻게 될 것이다.

12 매달린 남자 The Hanged Man

정 — 지혜, 신중함, 식별, 재판, 희생, 직관, 예언.

역 — 이기적임, 관중, 교활한.

금전에서 과거 위치에 있을 때 지혜로운 행동을 했었다면, 현재를 위한 과거의 희생 등은 예견한 대로 멋진 결과를 낳을 것이다.

금전에서 현재 위치에 있을 때 지금 금전적인 재판이 진행중이거나, 금전적으로 영향을 끼칠 만한 사건이 진행 중이다.

금전에서 미래 위치에 있을 때 뿌린 것이 있다면 긍정 카드, 뿌린 것이 없다면 부정 카드로 해석하라(현재 카드에 따라서).

애정에서 과거 위치에 있을 때　당시의 판단을 통해 현재 카드가 나왔다. 희생했다면 긍정적인 카드가, 신중하지 못했다면 부정적인 카드가 현재 카드에 반영될 것이다.

애정에서 현재 위치에 있을 때　두 사람 사이에서 고민하고 있다면 신중하게 선택하라. 당신이 스스로에게 생각한 예언은 들어맞을 것이다.

애정에서 미래 위치에 있을 때　현재 카드에서 예견한 결과.

학업에서 과거 위치에 있을 때　당신이 지혜롭게 공부하기 위해 취미생활을 포기했다면?

학업에서 현재 위치에 있을 때　신중해야 할 때이다. 당신의 지혜를 모두 사용하라. 미래를 상상해 볼 필요가 있다. 혹은 지금 시험이 진행 중인가?

학업에서 미래 위치에 있을 때　당신의 현재에 많은 것을 희생했다면 긍정적인 결과가, 너무 신중했다면 중립의 결과가, 당신이 미래를 위해 아무것도 하지 않았다면 부정적인 결과가 나올 것이다. 이 카드는 뿌린 대로 거두는 카드이다.

13 죽음 Death

정 — 종결, 한정적임, 파괴, 파멸.
역 — 활발하지 않음, 잠, 무기력.

금전에서 과거 위치에 있을 때　과거의 금전적인 큰 문제에 직면하였다.
금전에서 현재 위치에 있을 때　부족한 금전 운에 시달리고 있다.
금전에서 미래 위치에 있을 때　좋지 않다. 남은 것이 없다.

애정에서 과거 위치에 있을 때	과거에 실연을 당한 적이 있다.
애정에서 현재 위치에 있을 때	연애가 끝나 버린 것인가?
애정에서 미래 위치에 있을 때	끝날 것이다.

| **학업에서 과거 위치에 있을 때** | 노력이 부족했다. |
| **학업에서 현재 위치에 있을 때** | 지금 확실히 해두어야 한다. 결과는 현재의 노력 |

에 한정되어 있다.

| **학업에서 미래 위치에 있을 때** | 결과는 나온다. 부정적인 결과일 수도 있다. |

14 절제 Temperance

정 — 경제, 중용, 절제, 검소함, 관리, 순응.

역 — 교회일과 관련된 것들, 교파, 수도자(융합되지 않고 그리 좋지 않은 결합이며, 서로 경쟁하는 데만 신경을 쓰게 된다 하더라도 수도자들을 뜻한다.)

금전에서 과거 위치에 있을 때	과거의 절제와 검소함.
금전에서 현재 위치에 있을 때	지금은 절제하고 검소하게 생활해야 할 때이다.
금전에서 미래 위치에 있을 때	당신은 적당한 저축을 보유할 것이다.

애정에서 과거 위치에 있을 때	당신은 제대로 감정을 절제하였다.
애정에서 현재 위치에 있을 때	상대방과의 조화를 우선으로 생각하고 있다.
애정에서 미래 위치에 있을 때	당신이 생각한 결과대로 진행되어 있을 것이다.

학업에서 과거 위치에 있을 때	당신은 많은 것을 바라지 않았다.
학업에서 현재 위치에 있을 때	당신은 천천히 노력하고 있다.
학업에서 미래 위치에 있을 때	당신이 순응할 만한 결과.

15 사탄 The Devil

정 — 파괴, 약탈, 폭력적임, 열의, 격정, 특별한 노력, 힘, 불의의 재난을 당하겠지만 이것은 악마
나 다른 이유가 아닌 숙명적인 일이다.

역 — 악한 영향력, 나약함, 시시함, 눈이 멈.

금전에서 과거 위치에 있을 때 빼앗긴 적이 있는가? 아니면 남의 것을 빼앗은
적이 있는가?

금전에서 현재 위치에 있을 때 남의 것을 파괴하여 얻거나 자신의 것이 파괴되
고 타인이 이득을 취해 버린 상태.

금전에서 미래 위치에 있을 때 긍정적이거나 부정적인 두 가지의 결과.

애정에서 과거 위치에 있을 때 당신은 감정의 파도에 휘말린 적이 있다. 이것으
로 인해 재난을 겪었다면 그것은 당연한 일이다.

애정에서 현재 위치에 있을 때 상대방의 힘에 억눌려 있다. 이것은 바람직하지
못하다. 상대방은 당신에게 너무 특별한 일들을 바라고 있다.

애정에서 미래 위치에 있을 때 파괴적인 사랑에 빠지게 된다.

학업에서 과거 위치에 있을 때 당신은 특별한 노력이 필요한 상태였다.

학업에서 현재 위치에 있을 때 열의와 노력은 대단하지만 주변을 생각하라.

학업에서 미래 위치에 있을 때 학업 능력은 가지고 있지만 숙명적인 시련을 당
하게 될 것이다.

16 무너지는 탑 The Tower

정 — 비참함, 고뇌, 빈곤, 적, 고난, 불안, 불명예, 속고 있는 상태, 폐허.

역 — 정 해석보다 약하게 해석하라고 되어 있기도 하다. 그리고 압제와 구속, 폭정을 의미한다.

금전에서 과거 위치에 있을 때	아무것도 남지 않았던 적이 있는가?
금전에서 현재 위치에 있을 때	현재의 빈곤은 미래의 풍요를 위한 것이다.
금전에서 미래 위치에 있을 때	별로 좋은 편이 아니다.

애정에서 과거 위치에 있을 때	과거에 배신을 겪은 적이 있었는가?
애정에서 현재 위치에 있을 때	현재가 좋은 상태라고 느낀다면 상대방을 좀 더

자세히 살펴볼 필요가 있다.

애정에서 미래 위치에 있을 때	결과는 좋지 않다.

학업에서 과거 위치에 있을 때	자신의 능력에 대해 슬퍼하거나 불안해 하고 있

었다.

학업에서 현재 위치에 있을 때	현재의 고민은 필요한 것이다. 불안함이나 허전

한 마음은 접어 두는 것이 좋다.

학업에서 미래 위치에 있을 때	불명예스러운 결과에 고뇌하게 되더라도, 죽음

카드나 태양 카드가 앞자리에 나왔다면 걱정은 하지 않아도 좋다.

17 별 The Star

정 — 잃음, 절도, 몰수, 버림, 다른 해석에서는 희망과 밝은 전망을 나타내기도 한다.
역 — 거만, 건방과 무능함.

금전에서 과거 위치에 있을 때	빼앗기거나, 잃거나, 몰수당하거나, 실수로 버린

적이 있는가?

금전에서 현재 위치에 있을 때	소매치기를 당하거나 잃어버린 것인가, 아니면

몰수당했는가?

금전에서 미래 위치에 있을 때	당신이 손해본 만큼 도로 찾을 것이다.

애정에서 과거 위치에 있을 때 남에게 빼앗긴 사랑. 그러나 다시 돌아오거나 새로운 사랑을 기대했는가?

애정에서 현재 위치에 있을 때 잃었다고 생각하고 있다면 털고 일어나라. 결과는 기대할 수 있으니까.

애정에서 미래 위치에 있을 때 가슴은 아플 것이다. 그러나 희망은 잃지 않도록 하자.

학업에서 과거 위치에 있을 때 어처구니없는 실수로 인해 잃거나, 너무 큰 희망과 전망을 가진 것이 있다.

학업에서 현재 위치에 있을 때 잃은 것이 있지만 그것으로 인해 얻은 것도 있다.

학업에서 미래 위치에 있을 때 선택에 있어서 자신이 이루고자 했던 결과는 버려질 수 있다. 그것이 원하는 것보다 밝은 희망을 가져다 줄 것이다.

18 달 The Moon

정 — 숨겨진 적과 위험, 중상모략, 어둠, 테러, 사기, 에러.

역 — 불안정, 정적, 소규모의(적은 부담의) 사기와 에러.

금전에서 과거 위치에 있을 때 타인에게 속아 사기를 당하거나 수입을 빼앗기거나 혹은 잃어버린 경험이 있다.

금전에서 현재 위치에 있을 때 어려운 상태. 혹시 사기를 당한 것이 아닌가?

금전에서 미래 위치에 있을 때 생각한 것만큼의 이득을 얻지 못할 수 있으니 미리 저축해 두는 편이 좋다.

애정에서 과거 위치에 있을 때 과거에 소문이나 사기로 인한 손해를 보았다.

애정에서 현재 위치에 있을 때 당신을 질투하는 사람이 있다. 소문을 조심하라.

애정에서 미래 위치에 있을 때　불안정하다.

학업에서 과거 위치에 있을 때　답안지를 확인하지 못해 손해를 보는 잘못된 손해를 본 적이 있다.

학업에서 현재 위치에 있을 때　숨겨진 말(언어)의 적이 존재한다. 쓸데없는 일로 손해를 보는 중이다.

학업에서 미래 위치에 있을 때　주변 사람의 말에 의지하기보다는 스스로 찾는 편이 좋다. 가끔은 주변 사람도 경쟁자이기 때문에 당신에게 손해를 끼칠 수 있다.

19 태양 The Sun

정 — 물질적인 행복, 숙명적인 결혼, 만족.
역 — 위의 것을 약하게 해석하라.

금전에서 과거 위치에 있을 때　부족하다고 느끼지 않을 정도의 금전.
금전에서 현재 위치에 있을 때　만족할 만한 금전상태.
금전에서 미래 위치에 있을 때　완벽한 물질적인 행복.

애정에서 과거 위치에 있을 때　서로 운명적인 느낌을 받고 사랑에 빠져 버렸다.
애정에서 현재 위치에 있을 때　서로에게 만족하고 있는 상태이다.
애정에서 미래 위치에 있을 때　숙명적인 결혼.

학업에서 과거 위치에 있을 때　과거에 당신은 스스로 만족하고 있었다.
학업에서 현재 위치에 있을 때　당신은 지금 결과에 만족하고 있다.
학업에서 미래 위치에 있을 때　만족할 만한 결과를 얻게 될 것이다.

20 구원 Judgement

정 — 상황의 변화, 재개, 결과가 드러남.

역 — 나약함, 단순 그리고 심사숙고 끝의 선택, 판결.

금전에서 과거 위치에 있을 때 상황의 민감한 변화. 과거에 중지된 일이 다시 시작되었다.

금전에서 현재 위치에 있을 때 실직했다면 다시 취직하게 될 것이다. 금전적으로 안 좋은 상태였다면 다시 변화하게 될 것이다.

금전에서 미래 위치에 있을 때 결과가 나타날 것이다. 상황은 긍정적으로 변화할 것이다.

애정에서 과거 위치에 있을 때 연애를 시작하면서 주변 상황이 바뀐 것은 당연한 일이다.

애정에서 현재 위치에 있을 때 예전에 사귀던 사람과 지금 다시 사귀려고 하거나 사귀게 된다.

애정에서 미래 위치에 있을 때 상황은 긍정적으로 변화했을 것이다.

학업에서 과거 위치에 있을 때 과거에 결과는 지금과 연관이 없다. 과거의 성적은 현재와 전혀 연관이 없다.

학업에서 현재 위치에 있을 때 성적의 기복은 신경쓸 문제가 아니다.

학업에서 미래 위치에 있을 때 결과는 분명히 나타날 것이다. 그러나 상황은 바뀌었을 수 있다. 긍정이든 부정이든……

21 세계 The World

정 — 성공과 앞날을 보장받다, 여행, 비행, 장소의 이동.

역 — 무력함, 정착, 침체, 부진, 영속성.

금전에서 과거 위치에 있을 때　당신은 과거에 완벽한 시기에 놓인 적이 있다. 혹은 과거의 여행이나 이민으로 인해 현재의 긍정적인 상태의 씨앗을 만들 수 있었다.

금전에서 현재 위치에 있을 때　당신은 현재 성공이 보장된 상태이다. 여행을 통해 새로운 기분을 가지는 것도 좋을 것이다.

금전에서 미래 위치에 있을 때　당신은 완벽한 성공을 얻을 것이다. 이것으로 당신의 지위도 상승될 것이다.

애정에서 과거 위치에 있을 때　당신은 상대와의 완벽한 미래 혹은 행복한 여행을 꿈꾸고 있었다.

애정에서 현재 위치에 있을 때　현재 당신은 밀월여행을 생각하고 있거나 완벽한 상태이다.

애정에서 미래 위치에 있을 때　당신의 애정 운은 완벽하다. 여행이나 선물을 통해서 상대방의 마음을 확인해 보도록 하자.

학업에서 과거 위치에 있을 때　당신이 과거에 학업에 충실했다면 현재는 성공을 잡았을 것이다.

학업에서 현재 위치에 있을 때　당신은 성공을 보장받을 수 있는 장르를 선택한 상태이다. 만약에 유학을 계획하고 있다면 실행하라. 그것은 성공의 밑받침이 될 것이다.

학업에서 미래 위치에 있을 때　당신이 꿈꾸는 유학생활, 성공, 그것은 모두 당신 소유이다.

제 9 장

3대 타로 비교 분석

패션에서 복고 열풍이 부는 것처럼 세계의 타로 카드 사용자들 간에도 지금 클래식 타로의 열풍이 불고 있다. 클래식이 가진 독특한 부드러움과 고급스러움도 물론 인기의 이유가 되겠지만 가장 중요한 것은 근본을 찾고 자 하는 마음가짐이다.

지금은 소재와 주제가 다양해졌지만 당시만 해도 제작자들은 타로 카드 라는 기본틀을 벗어나고자 하는 시도조차 하지 않았다. 이유는 알 수 없지 만 왜 다른지 정도는 알아두는 것이 좋겠다는 생각에서 클래식의 대표격인 비스콘티 스포르자, 메디발 스카피니와 현대식 타로의 선두주자 라이더 웨 이트의 비교를 시도해 보았다.

비교 분석은 비스콘티를 기본으로 하여 스카피니와 라이더를 추가하였 다. 메디발 스카피니 타로 카드는 가장 많은 상징을 넣은 것으로 유명하다.

클래식의 자존심, 비스콘티 스포르자(Visconti Sforza) 타로

현존하는 타로 중 가장 오래된 타로 카드이다. 결혼을 통해 비스콘티 가 문과 스포르자 가문의 융화되어 당시 최대의 귀족이었던 양 가문의 역사를 다루고 있다. 당시 타로 카드의 특징인 비밀 표시를 통해 상징의 기초를 배울 수 있다.

클래식의 재해석, 메디발 스카피니(Medieval Scapini) 타로

메디발 스카피니는 20세기 말 출시된 클래식을 재해석한 카드이다. 아그뮬러(AGMuller)의 타로답게 개성이 듬뿍 담겨 있는 것은 물론, 클래식의 품위를 떨어뜨리지 않으려고 현대적인 장식은 철저히 배재하였다. 루이지 스카피니의 작품인 메디발 스카피니는 1985년에 처음 출시되었다.

이제 15년이 조금 넘은 새내기 타로지만, 마이너 카드 부분의 새로운 첨삭은 완전히 마이너를 바꾸어 버린 유니버설 웨이트와는 상당히 다른 모습을 보인다.

현대 타로의 시작, 라이더 웨이트(Rider Waite) 타로

아서 에드워드 웨이트(Arthur Edward Waite)의 현대식 타로 카드이다. 현대 타로 카드의 중흥기를 일궈낸 유명한 타로로 웨이트 계열이라는 신조어까지 탄생시켰다. 현대 타로 카드의 기본 모델이 된 이 카드는 많은 타로의 머리말에 웨이트가 모델임을 명시한 구절을 삽입하게 하였다.

말이 필요 없는 유명한 카드로, 클래식을 완전히 바꾸어 놓은 모던 타로의 시작이며, 마이너 카드에 인물을 넣은 최초의 카드이다. 이전의 클래식 타로의 마이너 카드에서는 상징만을 사용하였다. 이 파격만으로도 인기를 가늠할 수 있었던 라이더 웨이트는 프랑스에서 집대성했던 고대의 상징들을 새롭게 재해석한 것으로 유명하다. 특히 인물이 들고 있는 소품에 많은 변화가 있었는데, 이를 통해 클래식 타로와는 뜻이 완전히 뒤바뀐 경우도 있다.

0 광대 The Fool

비 스 콘 티 ▶ 이 카드에서 광대 카드는 짐을 메고 있지 않다. 스카피니의 중세 타로에서는 그의 머리에 꽂혀 있는 깃털과 흰히 보이는 의상만을 차용하였다. 흰히 벗겨진 그림을 보아서는 알아볼 수 없지만 지평선 저편의 푸른 물이 위험의 요소로 사용되었다고 보여진다. 또 그가 가야 할 고행의 길이 스타킹이 닳아버린 발로 표현되었다. 그는 한쪽이 가늘고 반대편이 긴 지팡이를 어깨에 메고 있는데 이것은 그가 짊어진 십자가, 혹은 의무이며 후기 타로 카드에 가서 짐꾸러미로 바뀌게 된다.

스 카 피 니 ▶ 광대의 모습은 현대의 광대보다는 클래식의 걸인에 가깝다. 스카피니의 광대는 분명히 괴이한 사람이다. 머리에 장식된 4색 깃털은 옷과 같은 배색을 가지고 있다. 분명히 좀더 화려한 옷이었을 로브는 거의 헤쳐져 있고, 바지는 흘러내려 맨살이 위험으로 상징되는 개의 이빨에 이미 물려 있는 상태이다. 그는 맨발로 물길을 걸어가는 중이며 그 옆에는 위험을 상징하는 악어가 이빨을 드러내고 있다. 어깨에 진 막대기에는 봇짐이라기보다는 술이 든 가죽수통이 매달려 있고, 한 손으로는 지팡이 대용의 막대기를 짚고 있다. 다리 아래의 꽃은 이미 시든 상태이며 그가 걷고 있는 길은 무엇으로 보나 절벽에 해당한다.

라 이 더 ▶ 후기 타로에서 첨가된 위험의 상징인 개가 첨가되어 있다. 이 개는 위험을 알려주는 동시에 동반자로서의 의미도 가지고 있다. 어깨에 짊어진 짐은 그대로 여행 가방으로 변화하였으며, 승리의 상징인 월계수를 머리에 쓰고 튼튼한 부츠를 신고 있는 여행자의 차림이다.

0 광대 비스콘티

0 광대 스카피니

0 광대 라이더

1 마법사 The Magician

비 스 콘 티 ▶ 스카피니 타로와 똑같은 탁자이지만 비스콘티의 마법사는 화려하게 장식된 의자에 앉아 있다. 백합의 상징이 의자에 새겨져 있다. 보통은 펜타클에 해당하는 것이 1개이지만 스카피니 중세 타로에서는 3개, 비스콘티에서는 접시 위에 놓인 빵과 동전 2개이다. 막대는 아주 가늘며 어깨에 걸쳐져 있다. 의상은 변함없이 붉은색과 초록색이며 족제비 털로 모자와 의상이 장식되어 있다. 이는 부유함을 상징한다.

스 카 피 니 ▶ 마법사의 얼굴은 만족스럽다. 그의 머리는 깨끗이 정돈되어 있으며 화려한 모자와 웃옷, 붉은 타이즈는 그가 높은 사람이라는 것을 보여준다. 잔에는 와인이 가득 차 있고 칼과 동전이 놓여 있다. 완즈에 해당하는 막대기가 탁자 위에 놓여 있지 않고 팔에 기대어 있다는 것이 특징. 다리 아래의 꽃은 피어나려고 하는 봉오리이며 바닥은 푸른 이끼로 가득 차 있어 지하이거나 습기찬 곳이라는 사실을 말해준다. 탁자의 다리는 앞은 장식된 삼각형의 다리이지만, 뒷부분은 얇고 가는 막대기로 받쳐 있어 화려하지만 실속없는 부실함을 의미할 수도 있다.

라 이 더 ▶ 마법사가 마술사에서 마법사로 정착된다. 클래식 타로에서 보이던 마술사의 코믹함은 사라졌다. 그는 당당히 서 있으며, 머리 위에는 무한대의 힘을 상징하는 뫼비우스의 띠가 손에는 마법사의 지팡이가 들려 있다.

1 마법사 비스콘티

1 마법사 스카피니

1 마법사 라이더

2 고위 여사제 The High Priestess

비 스 콘 티 ▶ 여사제는 교황의 관(3단으로 십자가 장식이 되어 있음)을 쓰고 있다. 십자가로 장식된 지팡이를 들고 있으며 사다리꼴의 제단 위에 놓인 등받이가 없는 의자에 앉아 있다. 그녀의 의상은 현대의 수녀의 옷과 유사한데, 베일이 목을 완전히 감추고 있다. 그녀는 비스콘티 일가의 만프레다(Manfreda) 자매를 그린 것으로 알려져 있다. 그녀의 이야기는 9세기 중엽 2년 반 동안 교황으로 선출되었다고 알려져 있는 요한나(Johanna)와 비슷한데 실제로 그녀는 작은 지방에서 교황의 권위를 누렸다고 알려져 있다. 이 때문에 교황의 관과 지팡이를 사용한 것이다.

스 카 피 니 ▶ 고위 여사제의 얼굴은 평화스러워 보이지만 불만족스러운 감정을 내포하고 있다. 그녀의 의자는 불과 물의 상징으로 장식되어 있으며 불꽃과 물길, 불도마뱀과 박쥐, 뱀으로 장식되어 있다. 그녀의 뒷편에는 해와 달이 장식되어 있고, 그녀의 보수적인 성향은 목을 가린 베일로 나타난다. 황금가슴띠는 그녀가 가진 부와 지위를 나타내며, 한 손에는 세피로트*가 그려진 지혜의 책을 한 손에는 열쇠를 들고 있다.

라 이 더 ▶ 클래식 타로와는 완전히 다른 여사제의 모습이다. 손에 들었던 교황의 스케터(보주와 동일하며 권력을 상징함.)는 십자가 목걸이로 바뀌고 교황의 관은 사라져 버렸다. 다만 그녀는 베일을 벗지 않았다. 양쪽에 서 있는 두 개의 기둥은 흑색과 백색이며, 정의와 불의 삶과 죽음, 신과 악마를 상징한다. 라이더에서는 여성상의 상징으로 달을 사용하였다.

---

* Sefirot, 카발리스트들의 생명의 나무. 이 안에는 이전에 카발라의 저작들에 흩어져 있던 모든 비밀들이 압축되어 있다.

2 고위 여사제 비스콘티

2 고위 여사제 스카피니

2 고위 여사제 라이더

3 여왕 The Empress

비스콘티 ▶ 여왕은 왕의 방패를 들고 있다. 그녀는 황금색 스카프를 두르고 있으며 가문의 상징인 3개의 링이 엮인 문장이 장식되어 있다. 옷깃을 자세히 보면 발이 살짝 나와 있는 것으로 예상되나 발에 해당하는 부분이 벗겨져 있어 알 수 없다. 그녀는 장식없는 가늘고 긴 막대를 들고 있는데 비스콘티에서는 이것이 완즈와 동일하다.

스카피니 ▶ 여왕의 표정은 확실히 만족스럽지 못하다. 그녀는 어깨까지 늘어지는 화려한 귀걸이에 금장식된 웃옷과 붉은색과 하늘색으로 구성된 드레스를 입고 발은 초승달을 밟고 있다. 손에 들고 있는 방패는 독수리의 문장이 새겨져 있으며 머리에는 별 모양으로 장식된 황금관을 쓰고 있다. 손에는 지위를 상징하는 완즈를 들고 있다. 의자의 뒷편은 날개로 장식되어 있으며 대좌의 아래편에는 카드들이 배열되어 있다.

라이더 ▶ 고전에서는 풍요로움을 금색의 의상과 권위를 통해서 보여주었지만, 현대 타로에서는 아예 풍요로움의 상징인 밀밭을 화면 하단에 배경으로 깔았다. 뒤에는 우거진 숲이 자리잡고 있으며 환한 낮이다. 그녀는 아주 편안하게 앉아 있는데, 의상에도 포도를 그려 넣었으며 목에는 인내의 상징인 진주목걸이를 걸고 있다.

3 여왕 비스콘티

3 여왕 스카피니

3 여왕 라이더

4 황제 The Emperor

비 스 콘 티 ▶ 왕의 모델은 웬체슬레스(Wenceslas)이다. 검은 독수리의 문장은 그의 상징이었다. 한 손에는 스케터를, 한 손에는 십자가의 보주를 들고 있다. 연륜을 상징하는 하얀 수염을 기르고 있으며, 살짝 걷어 올려진 팔은 그가 속에 갑옷을 입고 있다는 것을 보여준다. 그는 연륜을 상징하는 흰 수염을 가지고 있으며 어깨를 곧게 세운 자세는 그가 형식과 규칙을 중요시여긴다는 것을 은연중에 나타내고 있다. 그가 앉은 왕좌는 사다리꼴의 하얀 대리석으로 만들어져 있다. 왕위를 상징한다.

스 카 피 니 ▶ 왕을 상징하는 투구를 쓰고 있으며 투구에는 여왕과 같은 상징이 새겨져 있다. 홀에는 백합이 새겨져 있으며 갑옷은 은제이다. 붉은 천으로 덮힌 의자에 앉아 있으며, 이상하게도 등받이가 여왕보다 낮은 상태이다. 발 아래에는 폭풍, 지진, 화재, 홍수의 천재지변의 상황이 대좌 아래에 드러나 있다. 왕은 천재지변까지 다스린다는 옛 이야기와 일맥상통한다고 할 수 있다. 그의 표정은 무미건조하다. 그의 부자연스러운 자세는 그가 항상 '자신의 적'과 싸우고 있다는 것을 보여준다. 그는 지금이라도 전장으로 뛰어나갈 준비가 되어 있다.

라 이 더 ▶ 황제는 독재 군주의 상징이 되어 버린 듯 하다. 그는 악마의 상징인 염소를 새겨 넣은 의자에 앉아 있으며, 그의 십자가는 앙크 십자가이고, 그의 보주에는 십자가가 잘려나가 있다. 그의 보좌는 아주 불편해 보이는 돌로 만들어져 있으며, 표정은 상당히 괴로워 보인다. 배경의 험난한 산은 그의 왕국이 풍요롭지 못할 수도 있다는 것을 암시한다.

© U.S.Games Systems, Inc.

4 황제 비스콘티

© U.S.Games Systems, Inc.

4 황제 스카피니

© U.S.Games Systems, Inc.

4 황제 라이더

5 교황 The Hierophant

비 스 콘 티 ▶ 그는 3단으로 장식된 교황의 모자를 쓰고 신성을 상징하는 백색의 로브 위에 영원한 맹세를 상징하는 3개의 링으로 구성된 망토를 두르고 있다. 그는 위엄, 또는 절대적인 권위를 상징하는 긴 완즈를 가지고 있는데 이것은 십자가로 장식된 스케터이다. 교황도 왕과 같은 사다리꼴의 대리석 위에 보좌를 두고 있다. 그의 의자도 등받이가 낮아 보이지 않는다.

스 카 피 니 ▶ 황제는 3단으로 장식된 모자를 쓰고 있다. 이 모자는 인간과 신과 영혼의 삼위일체를 의미한다. 모자의 윗부분에는 십자가가 장식되어 있으며 남과 여, 달과 해가 장식된 완즈를 들고 있다. 손은 삼위일체를 상징하여 3을 표시하고 있고 뒤의 기둥에 장식되어 있는 밀은 성체를 만드는 재료이다. 푸른색과 녹색, 금색, 흰색으로 이루어진 의상은 권위, 순결, 변함없는 진리를 의미한다. 제대의 아래에는 두 명의 사제가 무릎꿇고 있으며 아주 작게 칸칸이 장식되어 있는 사람들은 화려함, 잔인함, 나태함, 육욕, 술, 싸움, 재산을 의미한다. 그의 표정은 건조하나 무엇을 말하려고 하는 듯하다. 교황은 항상 말을 통해 사람들을 교화한다.

라 이 더 ▶ 3장의 타로가 동일한 것은 그의 오른손, 신을 상징하는 3의 표지를 손으로 보여주고 있다는 점이다. 현대 라이더에서는 보호자를 상징하는 2개의 기둥과 비밀의 열쇠를 첨가하였다. 그의 의상은 실제로 남아 있는 교황의 초상화와 동일하다. 자세히 보면 라이더의 기둥은 로마식이다. 중세 성전의 기둥을 모방한 것이다.

5 교황 비스콘티

5 교황 스카피니

5 교황 라이더

6 연인 The Lovers

비스콘티 ▶ 천사는 한 손에는 스케터를 한손에는 화살을 쥐고 있다. 방향은 이미 정해졌으며 쏘기 직전이다. 스카피니에서는 하늘에 떠 있는 천사가 비스콘티에서는 받침대 위에 올려져 있다. 사실 두 연인은 집안의 필요에 의해서 맺어진 정략 커플이다. 이러한 이유에서는 아니겠지만 중세시대에 천사의 상징은 작위적으로 사용되는 경우가 많았음을 많은 문헌에서 찾아볼 수 있다. 천사는 어느 곳을 선택할지 정하지 않았다. 또 정하고 싶어하지도 않는다.

스카피니 ▶ 사랑하는 연인 카드에서 큐피트는 눈을 가리고 있다. 선입견을 배제하기 위한 것이 아니라 아예 보고자 하지 않기 때문에 눈을 가린 것이다. 둘은 서로 다른 집안과 서로 다른 배경을 가지고 있다. 여자 쪽의 성은 부유하며 땅 또한 부유하다. 남자 쪽의 성은 퇴락한 듯 빛을 잃고 있다. 남자는 귀족, 여자는 왕족인 상황 자체가 큐피드의 눈을 가리고 있다. 큐피드는 반인반수로 표현되어 있다.

라이더 ▶ 중세의 타로에서 화살을 들고 있던 천사는 팔을 넓게 벌리고 연인들을 받아들이려는 자세를 취하고 있다. 뱀이 감싸고 있는 선악과가 열린 나무는 여인 쪽에, 신의 음성을 나타내는 불타는 나무는 남자 쪽의 배경에 자리잡고 있다. 천사는 선택을 강요하지 않는 듯 눈을 감고 있다. 라이더 타로에서 연인들은 신의 낙원에서 살고 있던 아담과 이브이다. 그들은 선악과와 뱀의 유혹, 신의 음성 중에서 선택해야 한다. 라이더의 연인 카드는 다른 카드들과 달리 연인보다는 신에 대한 경외심이 주제인 것으로 보인다.

6 연인 비스콘티

6 연인 스카피니

6 연인 라이더

7 전차 The Chariot

비 스 콘 티 ▶ 전차는 말 그대로 전령사이다. 그녀는 왕이 들고 있던 보주를 들고 있다. 이는 우리 나라의 마패에 해당한다. 권력을 그녀가 대행하고 있다는 것을 말하고 있으며, 두 마리 말은 권력을 상징하는 백마 2마리이다. 다른 카드와는 달리 2마리가 같은 방향을 향해서 달려가고 있다. 전차가 가지고 있는 '앞으로 나아가다.' 의 의미를 가지고 있다. 그녀는 능숙하게 말을 다루고 있으며 곧 목적지에 도착할 것이다.

스 카 피 니 ▶ 전차 카드는 마차에 가깝다. 다른 카드와 달리 안정적인 형태를 갖추고 있으며 차양도 가지고 있다. 말은 각각 검정과 흰색으로 대비되며, 서로 반대 방향으로 달리려고 한다. 마차 바퀴에는 가시가 돋쳐 있다. 검은 말은 붉은색 안장과 장식, 흰 말은 푸른색 안장과 장식으로 완벽하게 대조되어 보인다. 그러나 그 상태와는 달리 말의 고삐를 아주 가볍게 쥐고 있는 것으로 보아 말들이 양쪽으로 달린다고 하여도 상관이 없는 듯 보인다. 다른 전차 카드와는 달리 말에 타고 있는 사람은 왕자에 해당한다. 검은 말은 재갈을 물고 있으나 흰 말은 재갈을 물고 있지 않음에서 나타나는 속박과 자유의 차이가 보인다.

라 이 더 ▶ 그는 배에 허리띠를 매고 있는데 허리띠에는 별자리와 행성이 새겨져 있다. 이것은 높은 권력을 가진 대신이거나 왕자이다. 그는 어깨에는 달을, 머리에는 8방향의 상징(대부분은 별 카드에서 보이지만 여기서는 태양이다.)을 가지고 있다. 그는 멀리 보이는 궁전 또는 도시에서 출발하였다. 이 카드에서 말에 해당하는 스핑크스들은 앞으로 나갈 생각이 없다. 그는 권위의 상징인 완즈를 들고 있다.

7 전차 비스콘티

The Chariot

7 전차 스카피니

THE CHARIOT.

7 전차 라이더

8 법 Justice

비 스 콘 티 ▶ 풀밭을 달려가는 소년을 대행자이다. 여인은 그가 '칼'로 형상화되는 권력을 직접 실행하지 않는다. 여인은 백합을 모티브로 한 의자에 앉아 있다. 그녀의 의상에는 방사하는 태양의 상징이 새겨져 있는데 교황 카드의 것과 유사하다. 푸른 망토의 바깥으로 왼발이 나와 있으나 이것은 현대 라이더와는 달리 행동력의 상징으로 쓰이지 않는다.

스 카 피 니 ▶ 그녀는 벌을 줄 수 있는 권력을 가지고 있다. 그녀의 등 뒤에는 일상생활이 그려져 있는데 각각 한 가지씩의 우화를 상징한다. 첫 번째는 갈비뼈가 드러날 정도로 헐벗은 사람, 두 번째는 노새를 몰고 가는 소년이다. 세 번째 소녀는 포도주를 만들기 위해 포도를 발로 밟아 짜내고 있다. 네 번째 장면은 노인이 노새를 잡고 있다. 그녀의 붉은 옷은 지위를 상징하고, 머리모양은 그녀의 철저한 결벽증을 보여준다. 칼은 굳게 잡혀 있지만 천평은 아주 가볍게 잡혀 있다. 의자 양 옆에 있는 2개의 삼각형과 물결은 그녀에게 들려오는 수많은 소리를 상징한다.

라 이 더 ▶ 라이더에서 8번 카드는 힘(Strength) 카드이다. 법 카드는 11번 카드이다. 고전에서의 그녀는 여성이지만 라이더에서는 중성으로 보인다. 칼을 더 확실히 잡고 있는 것은 변하지 않았다. 그는 딱딱한 기둥 앞에 서 있고 왕관을 쓰고 있지만, 그 이외에는 권위의 상징이 보이지 않는다.

8 법 비스콘티

8 법 스카피니

11 법 라이더

9 예언가 The Hermit

비 스 콘 티 ▶ 화려한 금색 털로 장식된 옷을 입은 그는 모래시계를 들고 있다. 이 모래시계는 흔히 예언자 카드에서 등장하는 전등과 같은 의미이다. 시간을 안다는 것은 앞을 바라보는 것과 동일하게 취급되었다. 그의 스케터는 손으로 잡은 부분이 가늘고 땅에 닿은 부분이 두껍다. 지팡이처럼 보이지만 실제로는 마법사의 지팡이이다. 그는 과거에 마법과 연관된 사람이었을 것이다. 그는 점성술에도 능한 사람일 것이다. 모래시계는 시간을 볼 수 있다는 뜻이며, 시간을 보기 위해서는 별의 움직임을 읽을 수 있어야 했다.

스 카 피 니 ▶ 이 카드에서 예언가는 전통적인 하얀 수염을 길게 기른 할아버지이다. 초록에서 보라로 빛바래지는 그의 옷은 청렴을 뜻한다. 그가 지닌 지팡이는 끝이 가늘어지는 마법사의 지팡이이다. 끝은 2마리의 뱀이 꼬여 있는 형태이며 봉오리에서 만개한 꽃, 마지막 손잡이의 꽃은 이미 시든 상태이다. 손에 들고 있는 등잔은 빨강, 노랑, 파랑의 세 개의 원으로 구성되어 있다. 이 등잔에는 발이 달려 있다. 그는 맨발로 물 위를 걷고 있다. 바탕에는 고래가 물을 뿜고 배가 한가로이 지나다니고 있다. 그는 주변 상황을 전혀 신경쓰지 않는다. 배들은 그가 항상 안정적이지 않은 불안한 상태임을 암시한다.

라 이 더 ▶ 이 카드에서 예언가는 앞을 바라보지 않는다. 그는 앞을 보지 않지만 등잔은 높이 쳐들고 있다. 그는 물 위를 걷고 있으며 그의 막대기는 땅에 닿아 있지 않다. 그는 물 위를 걷고 있지만 불안해 하지 않는다. 그는 어떠한 일이 생기더라도 대처할 수 있는 능력을 가지고 있다.

9 예언가 비스콘티

9 예언가 스카피니

9 예언가 라이더

10 운명의 수레바퀴 Wheel of Fortune

비 스 콘 티 ▶ 바퀴 정상 위에 서 있는 젊은 여자는 긴 귀를 가지고 있다. 그녀의 팔에는 리본이 매달려 있다. 레그노(Regno, 신의 섭리 또는 신의 음성)라고 써 있다. 바퀴 왼쪽의 매달려 있는 사람은 초록색의 옷을 입고 있으며 다시 레그노라고 쓰여져 있다. 바퀴에서 내리는 듯한 그림에는 귀가 없다. 꼬리가 달려 있다. 바닥에는 노인이 손과 무릎으로 바퀴를 받아내고 있다. 노인의 옆에 쓰여진 것은 'I am without reign(나는 왕〔하나님〕과 함께 있다.)' 이다. 노인은 모든 것을 받쳐낸다는 것이다.

스 카 피 니 ▶ 천사는 눈을 가리고 수레바퀴를 계속 돌리고 있다. 수레바퀴에는 각 별자리가 새겨져 있다. 기어오르려는 아이, 칼과 권력을 가진 소년, 다시 수레바퀴에서 떨어져 나가는 남자는 인간이 태어나서 죽는 단계를 이야기한다. 파도가 치는 바다에는 푸르게 정맥이 드러나 있는 노인이 힘겹게 헤엄을 치고 있다. 수레바퀴는 녹색의 뱀과 붉은 뱀이 받치고 있다. 뱀은 수레바퀴를 받치고 있는 눈을 가린 그녀를 떠받치고 있지만 조금만 흔들리면 물 듯이 고개를 쳐들고 있다.

라 이 더 ▶ 여기서는 아무리 찾아도 사람이 보이지 않는다. 다만 천사, 독수리, 사자, 소의 4개의 상징이 바퀴 주변의 하늘에 앉아 있다. 바퀴에는 악마와 뱀, 스핑크스가 자리잡고 있다. 인간의 삶에 걸림돌이 되는 탐욕, 지식, 본능을 상징한다.

© U.S.Games Systems, Inc.

10 운명의 수레바퀴 비스콘티

© U.S.Games Systems, Inc.

10 운명의 수레바퀴 스카피니

© U.S.Games Systems, Inc.

10 운명의 수레바퀴 라이더

11 힘 Strength

비스콘티 ▶ 스카프를 매고 있으며, 그의 힘과 젊음을 과시하는 듯 맨살을 드러내고 있어 튼튼한 근육이 보인다. 옷은 매우 짧으며 몸에 딱 붙어 있어 온몸의 근육이 사자를 때리려는 그의 행동에 집중되어 있음을 보여준다. 물론 그는 짙은 남색의 옷을 입고 있다. 이 또한 일반인이 사용할 수 있는 색깔은 아니었을 것이다. 배경에는 검은 산이 그려져 있는데, 모티브로 보아 험난함을 상징하는 돌산으로 보여진다. 사자는 몸을 움츠리고 있는데 이것은 앞으로 튀어나오려는 응축된 힘을 말하는 것이다.

스카피니 ▶ 사자의 머리를 쓰다듬는 여인의 손은 상당히 부드러워 보인다. 그녀의 뒤에는 벌거벗은 사람이 서 있는데, 그는 담 또는 높은 길 위에 서 있다. 그의 머리는 태양처럼 빛나고 있다. 그녀의 앞에는 밀 한 포기가 잘 자라 열매를 맺고 있다. 그녀는 이미 열매를 맺고 있는 밀을 소유하고 있으며, 사자를 굴복시킬 수 있는 힘을 가지고 있다. 배경에는 장미와 8방향으로 빛나는 별이 장식되어 있다. 7개의 잎을 가진 장미의 그림은 비스콘티의 상단의 양쪽 끝에 새겨진 8개로 이루어진 점에서 모티브를 가져온 것으로 보인다.

라이더 ▶ 모던 타로이므로 카드의 번호가 8번이라는 점을 잊지 말자. 이 카드에서 사자는 가장 편안한 자세를 가지고 있다. 여인 또한 살짝 눈을 감고 부드러운 표정을 짓고 있다. 신기하게도 사자 발톱 아래의 흙은 사자가 힘을 주는 방향대로 모양이 바뀌고 있다. 힘을 주는 대로 대지의 모양이 변할 정도라면 분명히 사자는 엄청난 힘을 가지고 있는 것이다. 여인은 그 힘을 지배한다. 우리는 그녀의 머리 위에서 힘의 상징을 발견할 수 있다.

© U.S.Games Systems, Inc.

11 힘 비스콘티

© U.S.Games Systems, Inc.

11 힘 스카피니

© U.S.Games Systems, Inc.

8 힘 라이더

12 매달린 남자 The Hanged Man

비 스 콘 티 ▶ 아주 깔끔한 ㄷ자 모양의 막대에 매달린 남자는 녹색의 타이즈를 입고 있다. 배경의 장식은 유실되어 찾을 수 없다. 하단에 보이는 것은 분명히 산이다. 이것이 험난함을 상징하는 것으로 보이기는 하나 확실히 알 수 없다. 또 한 가지, 교차점에서 나타나는 8개의 점이 ㄷ자 형의 지지대에 가려 있다는 것에 주목하자. 그에게는 영광은 없는 것일까?

스 카 피 니 ▶ 매달린 남자의 주머니에서는 금화와 은화가 떨어지고 있다. 그의 발은 왼쪽만 매달려 있으며 발목만 묶여 있다. 그가 매달려 있는 기둥은 미래의 결실을 상징한다. 매달린 남자의 배경은 교차된 선으로 장식되어 있다. 8방향의 빛은 찾을 수 없다. 그를 지탱하고 있는 기둥은 얼음 섬에 고정되어 있다. 한쪽 기둥은 드래곤이, 반대쪽 기둥은 황금새의 둥지가 자리잡고 있다. 그가 십자가에 못박혔다면 사용되었을 못과 망치 등의 도구, 반대편에는 희생제사에 사용된 흰 양의 시체가 보인다. 그의 다리는 분명히 현재의 죽음을 상징하는 4와 같은 모양이다.

라 이 더 ▶ 이 카드에서 매달린 남자는 머리 부분에서 후광이 비치고 있다. 이것은 매달린 남자의 그림에 종교적인 개념이 추가되어 있다는 것을 의미한다. 라이더의 매달린 남자의 그림은 인쇄상의 실수로 좌우가 바뀐 것으로 보인다. 클래식과 다르게 반대 방향으로 다리가 매달려 있기 때문이다. 그는 푸른 웃옷에 붉은 타이즈를 입고 있으며 노란색으로 그려진 신발은 나막신으로 보인다. 그는 열매나 꽃이 매달려 있지 않은 넝쿨로 장식된 지지대에 매달려 있다. 다듬은 흔적이 보이지 않은 자연적인 나무는 그가 운명적인 상황을 만나고 있음을 이야기한다.

12 매달린 남자 비스콘티

12 매달린 남자 스카피니

12 매달린 남자 라이더

13 죽음 Death

비 스 콘 티 ▶ 이 카드의 죽음은 조용하다 못해 장엄하기까지 하다. 그는 죽을 자를 선택할 화살을 들고 있으며 그의 뼛속은 텅 비어 있다. 그는 대지에 굳건히 발을 딛고 있지만 그의 앞에는 분명히 절벽이 보인다. 그의 뒷편에는 검은 산이 자리잡고 있다. 퀭한 눈은 아래를 내려다보고 있다. 그의 눈을 가렸던 천은 한쪽이 죽음의 화살에 걸쳐 있다.

스 카 피 니 ▶ 죽음은 자잘한 뼈가 주욱 연결된 막대기로 만들어진 낫을 타고 춤을 추고 있다. 눈을 가리는 천은 바람에 날려 그가 즐거운 상태임을 암시한다. 까마귀는 물 또는 빙하에 갇혀 있는 사람들을 향해 초록빛의 눈을 치켜 뜨고 사냥을 하려는 듯 위협적으로 날아들고 있다. 죽음은 지옥에서 군림하고 있다. 구원을 필요로 하는 수많은 인간들은 손으로 신에게 구원을 애걸하고 있다. 물론 악마에게 선처를 구하고 있는 사람도 있다. 그들은 차가운 지옥의 얼음 속에서 신음하고 있다. 빙하 사이에는 권위를 상징하는 왕관이나 보주도 보인다. 손도, 발도 신음하고 있다. 그러나 죽음은 그들을 놓아줄 생각 따윈 없다.

라 이 더 ▶ 이 카드의 죽음은 상징적이다. 죽음은 온 나라를 정복했으나 교황은 그를 막고 있다. 왕은 이미 죽었으며 힘 카드의 여인은 기운을 잃고 주저앉아 있다. 붉은 돛의 배가 멀리 지나가고 있다. 나무들은 메말랐으며 죽음은 권위의 붉은 깃털로 장식된 투구를 쓰고 있다. 말의 눈은 죽음처럼 붉은색이다. 우측의 구석에 태양이 떠오르고 있다. 우리는 이 장면을 다시 보게 될 것이다. 달 카드에서.

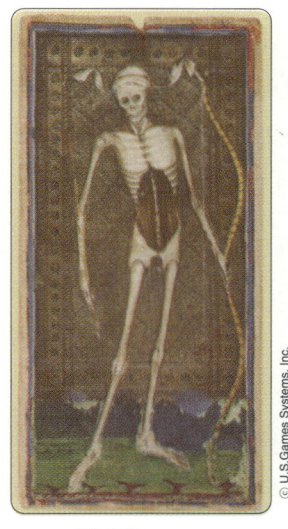

13 죽음 비스콘티

13 죽음 스카피니

13 죽음 라이더

14 절제 Temperance

비 스 콘 티 ▶ 세심하게 세공된 두 개의 물병을 가진 여인은 불편해 보이는 자세로 두 개의 물병의 물을 교환하고 있다. 그녀는 긴 금발의 곱슬머리를 가지고 있다. 8방향으로 빛나는 빛의 모양을 금실로 장식한 짙은 곤색의 로브를 입고 있는데, 이는 배경에 칠해진 금빛과 잘 조화되어 있다. 이 여인의 그림은 잃어버린 4장의 카드 중 하나이다. 그녀가 들고 있는 꽃병에는 물고기의 비늘과 중심을 향해 회오리치는 꽃잎이 세공되어 있는데, 이것은 활동성과 물을 상징한다. 로브의 금색 끈은 단단하게 매어져 있다.

스 카 피 니 ▶ 천사는 태양의 상징을 머리에 장식하고 있다. 그녀의 날개는 물이끼 빛이며 그녀는 달과 사자 모양의 두 개의 물병을 가지고 있다. 그녀는 원과 사각의 불안정한 받침대 위에 서 있다. 이것은 조화가 얼마나 어려운 것인가를 암시한다. 그녀의 옆에는 잎을 한 잎, 두 잎 떨어뜨리고 있는 시들어 버린 꽃이 있다. 자, 우리에게 익숙한 장면이 보인다. 세례자 요한이 예수에게 세례를 주자, 성령이 나타나 하나님의 아들임을 증명하는 그 장면이다.

라 이 더 ▶ 절제는 절제라기보다는 중립으로 보인다. 반만 물에 들어간 천사의 자세. 천사는 분명히 자신의 임무를 수행하고 있다. 그는 두 개의 컵의 물을 조화시키는 것을 통해 세상을 정화하고자 한다. 물은 잔잔히 흐르고 있다. 멀리 보이는 산에는 빛이 자리잡고 있다. 이는 태양의 상승(양의 성질 상승)을 잔잔한 물은 반대되는 음의 기질의 활동을 의미한다. 양은 활발한 활동성을 가지고 있으나 발산하는 과정에서 죄, 또는 폐기물을 만들게 된다. 이것을 정화해주는 것이 물이다.

14 절제 비스콘티

14 절제 스카피니

14 절제 라이더

15 사탄 The Devil

비 스 콘 티 ▶ 비스콘티 스포르자 가문의 연인들은 악마에게 사로잡혀 있다. 그는 6각형의 제단 위에 발을 살짝 걸치고 서 있는데 배 부분의 비늘은 사탄의 야만성을 상징한다. 그는 손이 달린 롯드를 들고 있다. 그의 송곳니는 길게 나와 있다. 뿔은 구불구불하지만 하늘을 향해 뻗어 있어 저승이 아닌 하늘을 지배하고 싶어하는 악마의 욕구를 보여준다. 이미 연인들의 머리에도 악마의 상징인 뿔이 달려 있다. 남자에게는 꼬리가 달려 있다. 그는 왼손을 하늘을 향해 들고 있어 거짓 맹세를 하고 있음을 알 수 있다.

스 카 피 니 ▶ 이제 지옥의 사탄의 일과를 살펴보자. 그는 자신의 부하들의 춤을 감상하고 있다. 남녀로 보여지는 이 사람들은 바닥이 불안정하고 뜨겁지만 있으나 신경쓰지 않고 춤에 열중하고 있다. 목에 건 밧줄은 악마에게 속해 있다는 표식이다. 잘 보면 악마의 배 부분에 입과 혀가 달려 있음을 알 수 있다. 로 스카라베오에서 나온 비스콘티 타로에서 같은 장면을 발견할 수 있는데, 악마의 배 부분에서 사람을 삼키는 장면을 볼 수 있다.

라 이 더 ▶ 대표적인 사탄의 상징으로 가득 찬 라이더에서 사탄은 기본적으로 회색빛 날개와 거꾸로 뒤집힌 펜타그램을 가지고 있다. 그는 오른손을 하늘을 향해 들고 있다. 오른손을 하늘을 향해 들어 올린 것은 맹세를 상징한다. 라이더의 사탄은 신에게 한 맹세를 저버리지 않는다. 그의 발은 독수리처럼 구부러져 있는데, 그는 끝까지 남아 있는 양심의 불을 왼손에 들고 있다. 아래로 향하고 있는 것은 감추려는 태도를 상징한다. 여자는 다산(多産)의 상징인 포도를, 남자는 신의 음성을 가지고 있다.

15 사탄 비스콘티

15 사탄 스카피니

15 사탄 라이더

16 무너지는 탑 The Tower

비 스 콘 티 ▶ 분실되어 다시 그려진 카드이다. 떨어지고 있는 연인 카드의 두 사람은 손을 붙들고 있다. 떠나는 태양은 이제 그를 가문의 영광이 빛을 잃는 것을 의미한다. 가문의 위엄을 상징하던 첨탑은 떨어져 내리고 있다. 이제 그들의 시대가 끝나고 있음을 혹은 후기의 작가가 그들의 화려한 일대기의 종말을 상징하며 새롭게 그렸을 것이다.

스 카 피 니 ▶ 말 그대로 무너지는 탑에서 수많은 것들이 떨어져 내리고 있다. 이미 삐에로는 성 아래로 떨어져 있으며, 왕족은 이제 하늘에서 밑으로 떨어지고 있다. 떨어지는 물건들은 스카피니의 코믹한 상상이 덧칠되어 있다. 우주 로켓, 교통 표지판, 저글러의 던지는 용구 같은 것들. 모양이 다른 입구들은 다양한 생각과 그에 따른 결과를, 떨어지는 울긋불긋한 공들은 경고를 말하는 카드임에도 코믹함을 잊지 않는다. 이 카드에서는 스카피니 타로의 특징인 스카피니의 서명 사인이 물 위에 종이배가 되어 떠 있다.

라 이 더 ▶ 분명히 바빌론의 탑을 상징하는 것으로 보이는 이 카드는 등대처럼 둥그런 첨탑이 떨어져 나가고 있으나, 이상하게도 탑에는 균열이 없다. 사람들은 공포에 질려 있는 표정이다. 절벽 위에 첨탑에는 번개가 치면서 경고, 종말을 암시한다. 절벽에서 떨어지는 사람들은 광대와 귀족. 신의 벌은 신분의 고·저를 따지지 않는 것을 의미한다. 중간중간 표현된 구름들은 탑, 즉 인간의 이상이 지나치게 높았다는 것을 말한다.

16 무너지는 탑 비스콘티

16 무너지는 탑 스카피니

16 무너지는 탑 라이더

17 별 The Star

비 스 콘 티 ▶ 여인은 빛을 손에 쥐고 있다. 적 · 녹색의 망토는 그녀의 평온함을 상징한다. 그녀의 옷은 교황의 십자가로 장식되어 있으며, 그녀가 하늘을 바라보고 있는 것은 이상에 대한 추구를 상징한다. 그녀는 다른 카드와는 다르게 양말이 아닌 나막신을 신고 있다. 그러나 그녀는 물에 발을 담그고 있거나 험한 길을 걷고 있지 않다.

스 카 피 니 ▶ 보통 별 카드의 물병은 2개가 같은 모양으로 되어 있는 것이 보통이다. 그러나 이 카드의 경우 물거품이 이는 쪽으로 기울어진 물병이 훨씬 크다. 실제로 별 카드의 경우는 대지의 여신 가이아의 영향을 많이 받은 것으로 보여진다. 배경에는 별과 달, 해, 항성이 장식되어 있는데 여러 가지 색상으로 칠해져 있다. 과장된 물거품은 물이 지속적으로 흐르고 있음을 보여준다. 비스콘티보다 라이더의 영향을 더 많이 받은 것으로 보인다. 배경에 그려진 별, 달, 항성은 라이더의 배경에 그려진 빛의 무리들을 변화시킨 것으로 보인다. 물거품이 이는 강가 또는 바닷가에는 꽃이 피어 있는데, 줄기가 비정상적으로 길며 이 꽃은 물에 자신의 모습을 비추고 있다.

라 이 더 ▶ 8방향으로 빛나는 8개의 별이 하늘에 빛나고 있다. 황금새가 가지 위에서 노래를 부르고 있는 이곳은 분명 비밀스러운 곳이다. 그녀의 물병 중 하나는 대지를, 다른 하나는 강물을 축이고 있다. 그녀는 다른 카드들과 달리 짧은 머리를 가지고 있다. 그녀는 물에 발을 대고 있지만, 절제 카드에서와는 달리 발을 담그지 않은 상태이다. 그녀는 풍만한 가슴을 가지고 있다. 이것은 별 카드가 또 다른 의미를 가지고 있음을 상징하고 있다.

17 별 비스콘티

17 별 스카피니

17 별 라이더

제9장 3대 타로 카드 비교 분석

18 달 The Moon

비스콘티 ▶ 달은 붉은 바탕에 금색 사선무늬 옷을 입은 여인이다. 그녀는 한 손으로 매듭을 풀거나 매듭지으려고 하고 있다. 이는 변화하는 상황을 표현하면서 또다시 그녀의 변화하려는 의지를 상징한다. 나머지 한 손에는 달이 들려 있는데, 그녀는 달을 유심히 바라보고 있다. 그녀는 맨발이지만 바닥에는 잔돌이 놓여 있어 험난해 보인다.

스카피니 ▶ 다른 달 카드와는 달리 스카피니의 달은 분명히 남성으로 보인다. 신경질적인 표정의 달은 구름에 가려 있다. 남성과 여성 중 한 성향을 자르려는 의지는 다른 카드에서 가재로 표현되었으나, 스카피니에서는 커다란 게로 표현되어 있다. 4층 건물의 옥상에는 천체망원경이 설치되어 있으며, 반대편의 3층 건물에는 점성술사가 달을 바라보고 있다. 보통의 달 카드에서는 두 개의 기둥이 같은 크기와 모습으로 존재하는데, 이 부분도 스카피니 카드가 다른 카드와 다른 점이다. 먼 곳으로 가는 길은 다른 카드보다 조금 더 험난해 보인다.

라이더 ▶ 달은 조용히 눈을 감고 있다. 개들은 달을 보고 짖느라 바빠 그들의 흥미를 유발시킬 만한 가재에는 관심이 없다. 두 개의 기둥은 여사제의 2개의 기둥처럼 상반되는, 혹은 대립되는, 혹은 대응되는 모든 것을 상징한다. 달이 흰색이 아닌 노란색으로 그려진 것은 달이 가지고 있는 태양과 연결된 부분을 상징한다. 따라서 달은 긍정적인 형태의 변화를 상징하게 된다.

18 달 비스콘티

18 달 스카피니

18 달 라이더

제9장 3대 타로 카드 비교 분석

19 태양 The Sun

비 스 콘 티 ▶ 어린아이는 상당히 즐거워 보인다. 그러나 태양을 꽉 잡고 있지 않아 떨어질 것처럼 불안하게 보인다. 검은 날개에 검은 구름을 탄 아이는 붉은 비즈의 목걸이를 하고 있으며, 붉은 천으로 몸을 살짝 가리고 있다. 이 붉은 천은 모던 타로에서도 많이 발견하게 되는데, 붉은 색이 가지고 있는 활동적인 이미지를 상징적으로 보여주려 하는 것이다.

스 카 피 니 ▶ 말 한 마리에 두명의 소년이 타고 있다. 한 소년은 해를 빼앗으려 하고 다른 한 소년은 빼앗기지 않으려고 한다. 때문에 말은 흥분하고 있는 상태이다. 그들의 싸움 때문에 꽃밭이 망가지고 있다. 부서진 알과 떨어진 하프는 그들의 격렬한 감정상태를 보여주고 있다. 자세히 보면 이 스카피니의 소년들과 상징들은 라이더와 비스콘티의 상징을 합친 것이다. 물론 두 소년이 타고 있는 백마 또한 라이더에서 모티브를 가져온 것으로 보인다.

라 이 더 ▶ 이 카드에는 태양을 상징하는 것들로 가득 채워져 있다. 태양은 화면의 반을 차지하고 있으며, 그 아래에는 태양을 사랑하는 해바라기들로 장식되어 있다. 물론 소년의 머리도 해바라기로 장식되어 있으며 태양을 상징하는 깃발을 들고 있다. 자세히 보면 스카피니 타로에서 보았던 태양을 빼앗으려고 하는 소년이 해바라기로 머리를 장식한 소년과 흡사하다는 것을 알 수 있다.

19 태양 비스콘티

19 태양 스카피니

19 태양 라이더

20 구원 Judgement

비스콘티 ▶ 왕은 칼과 보주를 들고 있으며 천사들은 깃발을 휘날리며 나팔을 불고 있다. 무덤에서 하늘을 만족스럽게 보고 있는 사람들은 구원 받은 자들이다. 그들은 한 개의 납골당에 누워 있으며, 천사의 깃발은 나팔에 달려 흔들거리고 있다. 천사들의 날개는 원본에서부터 투명하게 표현된 것으로 보인다. 하늘의 왕은 교황과 흡사한 옷을 입고 있으며 빛에 싸여 있다.

스카피니 ▶ 천사의 머리는 하늘을 향해서 흩날리고 있다. 그는 붉은빛과 푸른빛의 의상을 입고 있으며 날개는 푸른색이다. 그는 신기루처럼 빛에 둘러싸여 있으며 사람들은 돌로 만든 납골당에서 일어나고 있다. 피부의 색깔은 각기 다르다. 대부분의 카드들이 하늘을 향해 손을 뻗어 갈구하는 사람들을 그린 것과 달리, 스카피니는 소리를 향해 반응하지 않는 한 여인을 첨가하였다. 이 여인은 아마도 신을 믿지 않았던 사람일 것이다.

라이더 ▶ 회색 구름에 쌓인 천사는 나팔을 불고 있다. 그는 붉은 날개를 가지고 있으며 사람들은 각자 자신의 무덤에서 일어나 때를 맞이하고 있다. 이제 시간을 알리는 나팔이 울려 퍼지고 때가 되어 사람들은 무덤에서 일어나 '그'를 맞는다. 그는 구원자이다. 나팔의 소리는 그들에게 행복을 가져다 줄 것이다. 그러나 그들의 주변은 땅이 아니라 물이다. 그 푸른빛은 유동적이다.

20 구원 비스콘티

Judgment

20 구원 스카피니

JUDGEMENT.

20 구원 라이더

21 세계 The World

비 스 콘 티 ▶ 검은 날개를 단 두 명의 어린 천사가 세계를 상징하는 원을 들고 있다. 성은 녹색 물결 위에 떠 있는 섬 위에 있으며 소년이 조금만 한 눈을 판다면 세상에 문제가 생길 수 있을 것이다. 다행히 그들이 서 있는 대지는 평탄하고 위험한 요소는 보이지 않는다. 그들은 세계의 두 가지 속성을 상징하는데 빛과 어둠, 밝은 미래와 어두운 미래를 상징한다. 때로는 삶에 있어서 변화의 측면을 상징하는 것이 세계 카드의 소년들이다.

스 카 피 니 ▶ 매, 사자, 독수리, 어린 천사는 꽃과 다양한 물건으로 장식된 길을 붙들고 있다. 아름다운 여인은 그녀의 긴 금발로 그녀의 치부를 가리고 있다. 그녀가 지나가는 원형의 길을 붙들고 있는 천사의 지혜, 매의 눈, 소의 성실함, 사자의 힘은 아마도 그녀를 판단하고 있을 것이다. 그러나 그녀는 이미 길을 통과할 준비가 되어 있다. 길 아래로 작게 지구가 보인다. 그녀는 지구를 향해서 떠나려고 하거나(탄생), 지구를 떠나 영계로 도달한 것이다(영적 상승). 어느 쪽이건 인간에게 있어 탄생과 죽음의 과정이 동일함을 보여주는 것이다.

라 이 더 ▶ 아름다운 여인이 두 개의 완즈를 들고 월계수의 길을 건너려고 하고 있다. 이 월계수는 자궁의 상징이며 육체로 이루어진 세계와 영의 세계를 잇는 다리이다. 천사, 매, 소, 사자가 그녀를 지켜보고 있는데 그들은 구름에 모습이 가려 있다. 두 개의 완즈는 평정과 조화를 상징한다. 라이더의 세계는 다른 카드보다 탄생에 좀더 가까운 카드이다. 그녀가 들고있는 2개의 완즈는 의지와 본능이라는 인간의 정신을 상징하기도 한다. 스카피니와는 달리 상징들은 그녀를 도와주지 않는다. 그저 지켜볼 뿐이다.

21 세계 비스콘티

21 세계 스카피니

21 세계 라이더

제 10 장

재미있는 타로 카드 소개

초보자를 위한 부드러운 분위기의 타로들

올드 잉글리시 타로 카드 Old English Tarot Card

영국의 오랜 옛날, 고전 영어 시대의 평민들의 삶을 담고 있는 카드이다. 동화적인 그림체와, 색연필과 파스텔이 혼합된 컬러는 밝고 명랑해 보인다. 그러나 등장인물의 표정이나 배경은 음영을 담고 있어 언밸런스해 보인다. 고증을 철저히 했다는 작가의 말처럼 자주 접하는 싸구려 화보집들과는 다르다. 마이너 카드에서 보여주고 있는 그림들은 이 카드만이 가지고 있는 특징적인 표현들을 담고 있다. 편안한 느낌의 그림을 원하거나, 초보자를 위한 카드를 원하는 사람들에게 추천한다.

윔지컬 타로 카드 Whimsical Tarot Card

유니버설 웨이트의 색감을 담당한 핸슨 로버츠의 작품으로 동화를 주제로 구성된 카드이다. 우리가 흔히 알고 있는 미녀와 야수(연인), 백설공주의 호박마차(전차), 장화 신은 고양이(마법사), 잠자는 숲속의 미녀(죽음) 같은 카드는 뜻을 보지 않아도 무엇을 의미하는지 알 수 있다. 물론 상당수의 카드는 서양의 구연 동요인 '마더 구즈(Mother Gods)'*의 내용을 담고 있어서 한국인의 정서에는 어색할 수 있다. 그러나 꿈을 표현하는 동화들은 보는 것만으로도 즐겁고 행복하다. 이 때문에 카드들 중 유일하게 어린 아이도 사용할 수 있다고 표기되어 있다. 점을 치는 용도 이외에도 동화들을 연결하여 가상의 상황을 만들어 보는 일은 또 하나의 즐거움이 될 것이다.

---

* 영미 유럽권의 전래 동요, 우리에게 잘 알려져 있는 '반짝 반짝 작은 별'이나 '세 마리의 아기곰' 등이 해당된다.

개성이 강한 독특한 타로들

터레스트리얼 타로 카드 Terrestrial Tarot Card

약칭 저그 타로라고도 불리는 이 카드는 우주생명체들을 담고 있다. 이름대로라면 지구상의 생명체들을 다루고 있어야 하는데, 실제로는 H.R 기거*의 작품을 코믹화시킨 듯 SF 영화에나 있을 법한 특별한 캐릭터들을 담고 있다. 마이너 카드에 물·불·바람·땅 등의 4가지 속성 카드 (Attribute Card)가 추가되어 있고, 메이저 카드의 구성도 남다르다. 특별한 읽기가 가능하고 사물에 대해 직설적인 카드이다. 어둠 속에 빛나는 광선과 유사한 캐릭터들은 다분히 심연의 생물을 연상시킨다. 달 카드의 만족스러운 표정이나 사탄 카드의 요사스러운 눈빛은 더욱 특별하다.

뢰리히 타로 카드 Rohrig Tarot Card

환상적인 이미지의 이 타로는 물질적인 이미지를 보여주는 듯 하나, 그 이미지를 통해 내면적인 이상향을 추구하는 카드이다. 이미지에 보이는 빛의 무리들은 주인공들의 상태를 설명한다. 마이너 카드에 보이는 물질의 군상들은, 사실 내면의 고통이나 타인과의 관계에서 빚어지는 괴리감을 상징한다. 히브리어와 점성술의 상징이 추가되어 있기 때문에, 오히려 그부분에 집착하면 해석하기 어렵다. 이 카드의 독특한 구성체계는 메이저 카드만 사용하는 것을 거부한다. 78장의 카드가 완벽한 구성을 가지고 있다. 카드의 해설서로는 유일하게 올컬러로 제작되어 있는 책 또한 볼 만하다.

---

* 영화 〈에일리언〉의 캐릭터인 에일리언을 디자인 한 예술가로 유명한 사람. 바호메트 타로(Baphomet Tarot)를 제작한 바 있다.

마스터 타로 카드 Master Tarot Card

이 카드에서는 마스터가 어떤 존재인지를 깨닫는 것이 해석의 관건이다. 실제적으로 마스터의 의미를 알지 못하면 해석할 수 없는 카드들이 상당수 있다. 일반적인 카드와 전혀 다른 구성을 가지고 있어 가끔은 이웃의 중요성을, 어떨 때는 신의 존재를, 가끔은 경고도 잊지 않는 특별한 카드이다. 성경에 대한 지식이 많다면 해석할 때 매우 편리할 것이다. 그러나 성경의 내용을 모르더라도 상관없다. 널리 알려져 있는 내용으로 구성되어 있기 때문이다. 독일어와 영어로 키워드가 표기되어 있다.

팬터지 매니아를 위한 타로들

뱀파이어 타로 카드 Vampire Tarot Card

뱀파이어 타로 카드는 TRPG나 팬터지 매니아들에게 추천한다. 과슈(Gouache)* 기법으로 그려진 진한 색채와 뚜렷한 음영을 가진 그림은 확실하게 뜻을 전달한다. 흐르는 피를 연상시키는 뒷면 또한 주제와 완벽한 조화를 이루고 있다. 뱀파이어 타로 카드는 내용면에 있어 작가의 조사가 충분히 이루어진 카드이다. 우리가 알고 있는 뱀파이어에 대한 상식과는 다르지만 재미있는 작가의 해석을 담고 있다. 메이저 카드들은 생각과 다른 모습을 가지고 있지만 나름대로 전달하기 쉬운 이미지를 제공하고 있

---

* 불투명 수채화 기법. 유화와 유사한 색감을 가지고 있으나 유화처럼 두껍지 않고 얇게 바른다. 과슈의 불투명성과 건조되었을 때의 무광택 초크 같은 외관은 순수하고 투명한 수채와의 특징과 뚜렷하게 구분되는 특징을 보여준다.

다. 얼굴이 뱀파이어치고는 혈색이 좋다는 점에 점수를 더 주고 싶다.

모건 그리어 타로 카드 Morgan Greer Tarot Card

테두리가 없이 꽉 찬 이미지는 강렬한 인상을 주기에 충분하다. 특히 사탄 카드의 모습은 코믹함을 자아내기도 한다. 강하고 선명한 대비를 가진 색채와 강하게 그려진 윤곽선은 카툰에 가깝지만, 라이더 타로의 변형 이미지 중에서 가장 뚜렷한 느낌을 담고 있는 것이 특징이다. 초보자용으로도 추천한다. 어떤 스프레드에나 어울리고 여러 가지 점을 칠 수 있는 다용도 카드이다. 다만 테두리가 없이 꽉 찬 이미지를 가지고 있기 때문에 취향에 따라서는 답답하다고 느낄 수도 있을 것이다.

아발론 타로 카드 Avalon Tarot Card

아서 왕의 전설을 다룬 타로 중 새롭게 등장한 카드이다. 새롭게 등장한 타로 카드이다. 당연히 랜슬롯 용사와 기네비어 왕비가 연인 카드이다. 팬터지 잡지에서 보던 그림체처럼 선이 가늘고 음영이 뚜렷한 색채를 가지고 있다. 아서 왕의 전설(아서 왕과 그의 신하인 기사들의 영웅적 이야기)을 다룬 카드 중 가장 전설과 가깝게 보여주고 있다. 전설을 고려하지 않더라도 간단한 서술로 점을 칠 수 있으나, 되도록 전설을 음미하며 읽는 편을 추천한다. 물론 출신 회사의 특징이지만 영문으로 제작된 책이 없어 관련 도서를 따로 찾아내야 한다. 메뉴얼이 짧고 간단하기 때문에 일주일 정도만 할애한다면 매뉴얼로 읽어내는 단순한 리딩은 가능할 것이다.

켈틱 타로 카드 Celtic Tarot Card

켈트 족의 기본 전설을 담고 있는 카드. 메이저 카드에서 켈트 족의 신들을 담고 있어 구조면에서 여신 타로와 비슷하다. 메이저 카드를 읽을 때 뚜렷하게 나타난 키워드보다는, 이미지 설명 부분을 주로 참고한다는 점 또한 여신 타로와 비슷한 점이다. 켈트의 신들에 대한 기본적인 지식을 가지고 있다면 키워드를 보지 않더라도 충분히 읽어낼 수 있다. 켈틱에 대해 공부하고 싶다면 당연히 하나쯤 가져야 할 타로 카드이다. 팬터지의 그림체를 가지고 있어서 남성에게 인기가 많을 것으로 생각하기 쉬우나, 여성에게 더 많이 인기를 얻고 있는 특별한 타로 카드이다.

코믹한 캐릭터의 타로들

팬터즈머거릭 씨어터 타로 카드 Phantasmagoric Theater Tarot Card

커다란 얼굴들과 즐거운 표정 뒤에 숨겨진 인간 내면의 고뇌를 담고 있는 카드이다. 그림에서 느껴지는 첫 번째 감정은 호기심이다. 어떻게 저런 그림체로 그렸을까 하는 점이다. 타로라고 하면 흔히 떠올리는 고풍스러움과 상징의 표현을 깡그리 무시한 듯 보여진다. 상징들은 주인공들의 표정에 숨어 있고, 강렬한 색채는 상징을 더욱 잘 살려준다. 그림을 잘 살펴보자. 그들의 표정에는 상징과 함께 인간의 호기심이 숨어 있다. 마이너 카드는 더욱 특별하다. 영화 〈비틀쥬스〉를 연상시키는 캐릭터들은 공포스러우면서 코믹하다. 단순히 메뉴얼의 키워드를 읽기보다 이미지 리딩이 더욱 효과적인 카드이다. 유사한 카드로는 카르마 타로(Karma Tarot)가 있다.

할로윈 타로 카드 Halloween Tarot Card

짧고 간단하게 읽기에 적당한 카드로 주인공은 할로윈의 캐릭터들이 아니라 고양이로 보여지기도 한다. 78장의 모든 카드에서 검은 고양이를 볼 수 있다. 실사의 그림체가 아닌 단순화된 그림체이기 때문에 검은 고양이는 상당히 액세서리적인 이미지를 가지고 있다. 라이더 웨이트를 모델로 제작된 카드들 중 가장 참신하게 개성을 발휘한 카드이다. 컵은 유령, 완즈는 임프(Imp, 꼬마 요정), 펜타클은 호박, 소드는 박쥐로 구성되어 있다. 개인적으로 마이너 카드 중에서는 소드와 펜타클의 이미지가 읽기에 더 용이하다. 물론 메이저 카드의 이미지는 더욱 쉽고 간단하다. 전차 카드를 보라. 달린다는 전차 자체의 이미지에 이만큼 충실한 카드는 없다. 외롭고 힘든 왕의 이미지에 딱 맞는 프랑켄슈타인을 보면 이보다 더 쉬울 수 없다는 것을 실감하게 될 것이다.

예술가의 감성을 가진 타로들

보쉬 타로 카드 Bosch Tarot Card

히에로니무스 보쉬(Hieronymus Bosch)*의 작품을 카드로 제작한 것. 작가의 작품 중 일부분을 카드에 대입하는 방법으로 제작되었으며, 카드의 작가가 다시 그려 넣기도 하였다. 월터(Walter S. Gibson)의 해설서에서

---

* 네덜란드의 대표적 화가. 그의 작품은 자유분방한 상상력과 결부된 경이적 환상세계를 전개하였다. 그는 생기 있는 자연감정을 그려낸 풍경 화가였으며, 풍부한 색채가였다. 20세기의 초현실주의의 선구자로 높이 평가되고 있다.

우리는 보쉬 타로의 원전이 되는 멋진 그림들을 볼 수 있다. 보쉬의 화보집에서 마법사에 해당하는 〈Conjuror〉, 여사제의 모델이 된 〈The Stone Operation〉에서 우리는 뾰루퉁한 여사제가 무슨 일을 하고 있는지 엿볼 수 있다. 죽음 카드의 근엄한 모습은 사실은 〈Death of the Miser〉에서 문 뒤에 서서 화살을 날리는 죽음의 모습이다. 어찌보면 엽기적이랄 수 있는 보쉬의 그림의 실상을 보고 싶다면, 그의 화보집 《World of Art》를 펴고 보쉬 타로와 꼼꼼히 비교해 보는 것도 좋을 것이다.

아르누보 타로 카드 Artnouveau Tarot Card

아르누보 타로는 무샤(Mucha)*의 작품을 연상시키는 화려한 꽃장식과 섬세한 선을 가지고 있다. 물론 무샤의 작품집에서 우리는 아르누보 카드의 모델이 되었을 상당수의 그림을 발견할 수 있다. 1900년의 에머랄드(Emerald) 시리즈의 인물은 그대로 아르누보 타로에서 발견된다. 무샤의 작품은 후기로 가면서 파스텔의 색채로 바뀌어 가는데, 아르누보 카드는 무샤의 후기 작품에서 볼 수 있는 화려한 장식의 부드러운 색채를 그대로 가지고 있다. 다른 카드에서는 잘 볼 수 없는 여인들만의 아름다운 모습은 소장용으로도 그 가치가 뛰어나다.

상상의 타로 Tarot of Imagination

초현실주의 미술에 대해 약간의 지식이 있다면 유화로 표현된 꼴라쥬 방식의 그림이 인간에게 어떤 영향을 미치는지 알고 있을 것이다. 꼴라쥬는 인간에게 있어서 호기심을 자아내는 미술기법이다. 이런 기법을 바탕으로

---

* 프랑스에서 활동한 아르누보의 선구자.

구성되어 있으며, 최대한 '표식'을 넣는 것을 자제하였다. 그래서 익숙해질 때까지는 카드의 내용을 알아볼 수 없을 것이다. 그러나 소울 타로(Soul Tarot)처럼 이야기를 충분히 담고 있어 그림 위주의 읽기를 주로 하는 유저들에게 추천할 수 있는 카드이다. 옥빛과 어둠이 충분히 조화된 그림은 이것이 꿈인지 현실인지 분간하기 힘들 정도이다. 그러나 누구나 알수 있는 것은 이 그림이 악몽처럼 보이지만, 실은 우리의 현실이란 점이다.

르네상스 타로 카드 The Tarots of the Renaissance

르네상스 타로는 투명한 수채화로 그려져 있다. 절제된 색깔을 가지고 있는 것은 오래전 마르세이유부터 시작된 판화에 적합한 카드 제작기법을 따른 것으로 보인다. 화려한 색채보다 더욱 마음을 끄는 것은 바로 그림이다. 마이너 카드의 완즈 슈트에서는 이집트 카드의 기법처럼 완즈를 이용해 뜻을 가진 도형을 그려 놓았다. 우리는 키워드를 보지 않고도 열린 도형들을 보고 현재의 상태를 가늠할 수 있을 것이다. 특히, 나에 대한 주변 사람들의 평가, 사업적인 파트너에 관한 일이라면 더욱 많은 것을 알아낼수 있다.

조언자로서의 역할에 충실한 타로들

여신 타로 카드 Goddess Tarot Card

여신 타로 카드는 정신적인 균형을 추구하는 카드이다. 따라서 경고보다는 충고를, 예언보다는 조언을 담고 있다. 전세계 22명의 여신들이 메이저 카드로 구성되어 있으나 아쉽게도 우리나라에 해당하는 여신은 들어 있지 않다. 물론 일부 카드의 경우 여신이라고 보기엔 무리가 있다. 그러나 이러한 부분은 작가의 감성으로 이해하는 편이 좋다. 부드러운 색채를 가지고 있으며, 마이너 카드의 이미지는 라이더 타로의 영향을 받은 것으로 보이나 읽기 부분에서 많은 차이를 보인다. 평균적인 카드 크기와는 달리 폭이 넓은 편이어서 카드를 섞을 때 약간 어렵다. 여러 장을 펼치는 스프레드보다 짧고 간단하게 펼치고 천천히 읽어내는 것이 좋다.

비전 퀘스트 타로 카드 Vision Quest Tarot Card

마찬가지로 정신적인 조화를 추구하는 카드이다. 인디언을 기본으로 한 카드의 이미지에 부드럽고 멋진 색채를 가지고 있다. 특별한 주제를 가지고 있는 상당수의 타로와 마찬가지로 두꺼운 메뉴얼을 포함하고 있다. 마이너 카드 부분이 일반 카드와 다르게 '조언자'로 구성되어 있기 때문에 인디언식의 스프레드법을 사용할 것을 추천한다. 어느 쪽에도 치우치지 않는 중립적인 읽기가 포함되어 있기 때문에 극단적인 질문과는 어울리지 않는다. 점술가 스스로를 위한 카드로 충분한 카드이다. 타인에게 점을 쳐줄 때는 상대방이 점술가보다 어리거나 나이가 같은 편이 좋다. 조언을 풀어주다 보면, 사람에 따라서 이 부분에 거부감을 느끼게 될 수도 있기 때문이다.

신비한 세계를 담은 타로들

문 가든 타로 카드 Moon Garden Tarot Card

꽉 찬 달이 비치는 날은 마녀들의 밤. 달의 정원은 무슨 일이든 일어날 것 같거나, 무슨 일이 일어나지 않아도 어색하지 않을 것 같은 밤을 주제로 하고 있다. 밤에 달빛이 비치면 어디선가 유니콘과 무지개 빛을 가진 요정들이 날아들기 시작할 것 같은 신비한 밤. 침입자는 보지 못하게 빼곡히 들어선 나무들 사이로 가려진 신비한 밤의 숲속에서 무슨 일이 일어나는지를 이야기하고 있다. 카드를 활용한 마법과 마녀의 요리법이 적혀 있어 더욱 특별하다. 이 카드를 가진 사람이라면, 칼듀론(마녀의 마법 냄비)과 매직윈드(마술 지팡이)를 준비하자. 달밤에 카드와 책을 펴 들고 사람들을 행복하게 하는 마법을 실행해 보는 것도 좋을 것이다.

크리스탈 타로 카드 Crystal Tarot card

빛으로 투영된 인간의 감성은 오색 빛으로 반짝이기보다는 그림자처럼 어두운 빛으로 반짝인다. 스테인드 글라스를 통과한 투명한 빛은 사물을 여러 가지 색깔로 비추고 그 색은 특별한 감성을 불러일으킨다. 크리스탈은 바로 그런 카드이다. 마이너 카드에 인물을 포함하지 않아 어렵게 느껴질 수 있으나 조금만 천천히 생각해 본다면 이미 카드가 하는 이야기를 스스로가 알고 있음을 느낄 수 있다. 천천히 편안하게 읽어야 하는 카드로 자신만을 위한 특별한 카드로 사용하기에도 충분하다.

시크릿 타로 카드 Secret Tarot card

시크릿 타로를 제작한 예술가들은 아마도 '광대의 여행 이야기(Fool's Journey)'*를 읽어 보았을 것이다. 비밀의 왕국을 여행하는 젊은 청년의 이야기는 광대의 이야기와 비슷한 구조를 가지고 있다. 다른 카드들은 광대의 이야기가 메이저 카드에 한정되어 있지만, 이 시크릿 타로에서는 마이너 카드에 각각의 왕국을 여행하면서 만났던 인물들을 넣은 것이 특징이다. 마이너 카드를 구성하고 있는 4개의 왕국은 그대로 4개의 슈트와 대응하며, 왕국의 내용 또한 슈트와 딱 맞게 구성되어 있다. 카드를 사용하기 전에 알아야 하는 구성에 대해 부담감을 가진 사람이라면, 이처럼 딱 들어맞는 구도로 구성되어 있는 시크릿 타로가 편리할 것이다. 전체적으로 푸른빛을 띤 전체적인 색조가 차가운 느낌을 주고 있다. 그러나 자세히 보면 그 푸른빛이 두려움을 가지게 하는 영의 색이 아니라, 인간의 색임을 느낄 수 있을 것이다.

요정 나라 타로들

인챈티드 타로 카드 Enchanted Tarot Card

골든 던(Golden Dawn) 타로의 변형판. 마이너 카드에 인물을 포함하지 않았던 골든 던의 약점을 극복하고 새롭게 만들어진 카드로 뒷면이 컬러로 그려져 있다는 점에 주목하자. 마이너 카드는 이제 놈(Gnome) 타로

---

* 라이더 웨이트 타로를 기준으로 광대 카드가 주인공이 되어 성장과 발전을 거듭하는 이야기. 이야기로 푸는 타로 읽기 중의 하나이다.

와 유사하게 변화하였다. 인물이 중심이고 그 나머지는 인물을 보조하기 위한 구도로 그려져 있다. 메이저 카드에서 보여지는 요정들의 이야기는 웃음을 자아내게 한다. 자세히 보면 놈(Gnome) 타로와 페어리(Fairy) 타로에서 등장한 인물들의 다른 모습을 발견할 수 있다.

페어리 타로 카드 Fairy Tarot Card

장난치기 좋아하고 규범을 지키는 것은 제일 싫어하는 요정들을 어떻게 하면 '바른생활 국민' 으로 만들 수 있을까, 고민하던 요정왕국의 왕이 왕국의 점술가에게 방법을 문의한다. 놈(Gnome) 왕국의 타로에 관심을 가졌던 점술가는 요정도 자연스럽게 익힐 수 있는 규범을 타로에 그려 넣었다. 이것이 기본 배경이다. 요정들의 자유분방한 생활방식은 카드에도 그대로 그려져 있다. '가끔 어린 요정들이 상대방이 영원히 자신의 것이길 원하는 특별한 감정을 가지기도 한다.' 이것이 바로 연인 카드에 대한 해석이다. 요정들에게는 감정은 절대적이지 않은 것. 사랑도 그렇다. 더 자세히 알고 싶다면 페어리 타로를 천천히 감상하면 된다.

뇨미 타로 카드 The Tarots of the Gnomes

요정 종족들 중 유일하게 맡겨진 일에 충실하며 인간에게 좋은 일을 하기도 하는 특별한 종족이다. 우리가 잘 아는 '구둣방의 난쟁이' 는 바로 뇨미(놈[Gnome]의 이탈리어식 발음)이다. 난쟁이들은 자신의 행동에 규칙을 가지고 있고, 해야 할 일이라고 생각하면 무슨 일이 있어도 해내는 것이 특징이다. 우리는 부지런한 뇨미들의 생활을 바라보면서 우리의 생활을 돌아봐도 좋을 것이다. 아마도 당신이 게으른 사람이라면 뇨미 타로는 '열

심히' 라고 쓰여진 카드를 보여주면서, 당신의 미래에 불안한 부분을 보여
줄 것이다.

제 11 장

카드 78장의 키워드(라이더 웨이트 기준)

메이저 카드

0 광대 The Fool

교육받지 못한 무지를 상징하는 카드로 절제와 조절을 못하는 인간의 본성을 의미한다. 다리 아래에 위치한 위험조차도 대비하지 못하는 인간의 경솔을 상징하기 때문에 조금 더 주위를 돌아보고 천천히 생각해야 하는 상황을 말한다. 카드가 해석되지 않을 경우에는 다시 셔플하여 광대 카드 옆에 한 장을 더 뽑아 해석하는 편이 용이하다.

정 어리석음(바보같은 짓), 매니아(광적임), 사치(낭비, 무절제, 방종), 흥분(도취, 중독), 맹렬한 흥분(일시적 정신착란), 광란(격분, 격앙), 비밀을 폭로하다.(또는 누설하다, 가끔은 '비밀의 증거를 눈앞에 제시하다' 라는 뜻으로도 쓰인다.)

역 부주의(태만으로 인한), 방심(부재, 때로는 결핍), 분배(배열, 배치), 부주의(경솔), 무관심, 가치 없는 것, 허영심.(자만심, 반대로 허무하거나 무익한 것을 의미하기도 한다.)

1 마법사 The Magician

마법사는 클래식 타로에서는 교묘한 기술을 가진 야바위꾼이다. 그러나 모던 타로로 가면서 그가 가진 기술적인 측면이 더욱 크게 묘사되었다. 그는 자부심과 의지를 가진 한 인간이면서, 동시에 목적을 위해 어떤 일도 할 수 있는 타락한 인간이 될 수 있다.

정 기술(숙련, 교묘하다, 기능, 익숙함), 외교술(외교적 제안), 연설(인삿말), 주소, 병(메스꺼움), 고통(고뇌, 비탄, 근심), 분실(유실, 실패, 사망), 재앙(천재지변, 사망), 자신(자부심), 의지(의지의 힘), 질문자의 성이 남자일 경우 질문자.

역 의사, 치료자, 마술사(보통 'magus'는 점성술사로 알려져 있다.), 정신적 질병(정신적 피로), 불명예(망신, 치욕, 인기 없음).

2 고위 여사제 The High Priestess

여사제는 기도를 통해 타인을 구원하는 미인이다. 그녀는 삶에 있어 신비함을 가지고 있다. 아무도 그녀의 정체를 알 수 없다.

정 비밀(은밀한, 신비한), 신비(수수께끼), 아직 밝혀지지 않은 미래의 비밀, 질문자가 여자일 경우 질문자, 침묵(비밀 엄수, 정적 또는 무소식), 고집(끈기, 뛰어난 기억력), 현명(지혜, 슬기로움, 학문, 지식 또는 명언), 과학(학문, 신앙적인 요법, 기술).

역 열정(격정, 열애, 열광, 격노, 흥분), 도덕적인 것 또는 육체적 열정, 자만(자부심, 반대로 호의, 호감, 기발한 표현이나 착상이라는 뜻도 있다.), 표면적인 지식(겉치레의 지식 또는 표면적인 이해).

3 여왕 The Empress

여왕은 재물을 사용하는 사람으로 풍요로움을 누리는 사람이다. 그녀는 금전적인 문제에 있어서 확실한 결말을 이야기 한다.

정 다산(비옥한, 유리한), 행동(실행, 또는 연기), 독창력(솔선), 긴 하루, 알려지지 않은 비밀, 설상가상으로 다가오는 곤란, 의심하다, 무지(무식).

역 빛, 진리, 풀리지 않은 복잡한 문제, 대중의 기쁨*, 우유부단(망설임, 흔들림, 동요).

---

* 주로 역사적으로 왕자나 공주가 탄생했다는 문장에 사용된 것으로 보아 왕국의 독립, 왕자나 공주의 탄생, 왕족의 결혼 등을 국민 모두가 축하했다는 개념으로 사용된 것으로 보인다. 이 기쁨의 원인은 다른 카드를 통해 읽어내야 한다.

4 황제 The Emperor

왕은 '법' 을 통해서 백성을 지배한다. 법은 그에게 있어 판단의 도구이다. 왕은 충분히 타고난 자질을 가지고 있어야 한다. 그렇지 않을 때 그는 실패한 왕이 될 수밖에 없다.

정 안정(고정), 힘*, 보호**, 위대한 사람***, 도움(원조나 구원), 사고력(판단력, 물론 이치와 도리에 맞는 이유를 가지고 있는 사고력이나 판단력을 뜻한다.), 유죄판결(설득력 있는 신념에 따른 유죄의 판결, 반대로 죄의 자각이란 뜻도 있다.).

역 자비심(자선, 선행), 동정심(측은히 여김), 적의 명성(세력, 평판, 신용)으로 인해 혼란을 겪게 되다, 미숙(미완성, 또는 생소한 것).

5 교황 The Hierophant

성경과 신의 섭리를 바탕으로 그는 인간의 죄악을 심판하여, 결혼이나 왕의 대학살을 집관하는 신의 대리인이다.

정 결혼으로 맺어진 결연(동맹)이나 인척관계****, 포로(속박 또는 속박기간 감금기간), 감금(예속되다, 강제노동이나 징역), 또 다른 중요성(혹은 또 다른 근거나 이유), 자비와 선량함, 영감(암시, 교시), 질문자가 의지하는 사람(질문자의 보호자 또는 정신적인 지주).

역 교제(공동체, 사회, 모임), 충분한 이해, 협정(협약, 일치), 과잉친절, 약함.(허약, 유약, 약점 또는 부족하거나 모자른 점을 뜻하기도 한다.)

---

* 권력, 강국 또는 잠재적인 힘이나 에너지를 축약해서 'Power' 라고 표현하기도 한다.
** 국가를 방호하는 것, 즉 국가를 보호하는 사람이라는 뜻이 될 수 있다.
*** 대개 위대한 사람은 왕에게 붙이는 칭호이다. 흔히 인도에서는 신에게 'Maha' 를 붙이는데 '위대한 ~' 이란 뜻과 함께 '지배자' 란 뜻을 가지고 있다.
**** 양자와 양부의 관계나, 배다른 형제 또는 배다른 가족을 뜻하기도 한다.

6 연인 The Lovers

연인은 완성된 부부가 아니라, 지금 만남을 통해 미래의 결실을 준비하고 있다.

정 매력에 끌리다(혹은 매혹당하다), 사랑(자비 또는 경애 가끔은 큐피트 자체를 'love'로 표현하거나 귀여운 사람을 'love'라고 부르기도 한다.), 아름다움(美), 시험을 이기다(고난을 이기다).

역 실패(불충분), 어리석은 계획(바보 같은 시도, 하찮은 계획).

7 전차 The Chariot

그는 전쟁에서 원조를 요구하거나 전쟁의 소식을 전하는 사람이다. 때로는 전령 사이기도 하지만 오해, 남용 등의 부정적인 의미를 가지고 있다.

정 구조(원조), 신의 섭리*, 일반적으로 전쟁, 승리(성공!), 가정하다(추측하다, 어림잡다 때로는 지나친 추측이나 가정으로 인한 무례함이나 뻔뻔스러움을 의미하기도 한다.), 복수(앙갚음), 근심(걱정이나 병, 또는 그로 인한 고생이나 불편).

역 폭동(소동, 방종), 싸움(말다툼이나 그 원인), 논쟁하다(토의하다), 소송(기소), 쳐부수다(패배시키다).

8 힘 Strength

사자를 굴복시키는 힘은 전통적으로 강한 체력과 권력을 의미한다. 힘은 물질적으로 파괴와 생성을 의미하며 정신적으로 교화를 의미하기도 한다.

정 힘(권력, 권능), 에너지(또는 에너지가 작용하는 세력이나 잠재적인 능력), 행동(활동, 또는 실행하다, 작용하다), 용기(담력, 배짱), 관대함(담대함, 아량이 넓다).

---

* 하늘의 뜻, 가끔은 신이나 하느님 자체를 의미하거나 '신의 때를 대비하라' 즉 대비나 예비, 불행이나 천재지변을 조심하라는 뜻도 가지고 있다.

역 전제정치(독재, 압제 혹은 그런 사람), 힘이나 권력을 남용하다, 약점(허약함이나 결점), 불화(불협화음, 소음).

9 예언가 The Hermit

예언가는 이미 세상을 경험했거나, 세상을 초월할 수 있는 사람이다. 그는 과거의 죄로 인해 예언가가 되었거나 스스로 세상을 포기한 사람이다. 그러나 그는 인간에 대한 연민을 가지고 있다.

정 신중(빈틈없음, 또한 특별한 상황에서는 반역이나 배신을 뜻하기도 한다.) 위장과 위선, 사기나 장난 같은 죄, 타락.(부패 또는 그 원인이 되는 매수나 변조를 뜻하기도 한다.)

역 은폐(은닉 또는 잠복이나 은신처), 위장하다(변장하다, 속이다), 수단이나 방법(정책이나 방침), 공포, 이유 없는 훈계나 주의(또는 지나친 신중함).

10 운명의 수레바퀴 Wheel of Fortune

운명은 제어할 수 없으며 항상 변화하는 속성을 가지고 있어 원으로 표현된다. 타로 카드에서는 태양 카드처럼 완결을 의미한다.

정 운명(숙명 또는 운명의 3여신을 뜻하기도 한다), 행운(부, 재산, 좋은 운수 같은 것들), 성공(출세, 혹은 성공한 사람), 운, 경사(지복〔至福〕).

역 늘다(증식하다, 불어나다, 때로는 때가 되다라는 문장에 사용되기도 한다.), 유복함(부유함, 풍족함), 과분하다.(남아돌다, 사치스럽거나 비정상적인 풍요를 의미하기도 한다.)

11 법 Justice

법은 모던 타로로 가면서 힘에 밀려 11번으로 이동하게 된다. 법치주의 사회에서도 힘과 권력은 필요한 것이다.

정 공정(공평, 정당), 정직(올바름, 진실), 청렴결백(성실, 고결), 집행력(사람을 뜻할 때는 중역이나 집행부에 속한 사람).

역 법에 속한 한 부분(즉 '법을 편협한 시각으로 해석하다' 라는 뜻으로 볼 수도 있다.), 편협한 시각, 고집불통, 치우침(성향, 경향), 지나치게 엄격한.(대부분은 평가에 있어서 엄격한 시각을 말한다. 자신에게 엄격한 사람이나 타인에게 엄격한 사람을 뜻하기도 한다.)

12 매달린 남자 The Hanged Man

매달리는 행위는 기독교에 의해서 '희생' 이란 새로운 의미를 더하게 된다.

정 지혜(현명함 또는 그 근본인 학문이나 지식), 세심한 주의(신중하다 때로는 용의주도), 통찰력(인식), 시련(고난, 때로는 스스로 선택한 고난이나 시련을 이겨내야 하는 시기를 의미하기도 한다.), 희생('십자가에 못박힘' 또는 산 제물이나 기도), 직관, 예언(점).

역 이기주의, 대중(군중 또는 국민), 국가(우리나라같이 정치방식을 한 가지만 선택한 국가).

13 죽음 Death

죽음은 누구도 피할 수 없는 공평한 것이다. 인간은 누구나 죽음을 맞이하게 되고 다시 탄생한다.

정 끝(종료), 죽음을 면할 수 없는 운명, 파괴(살인, 멸망), 타락(퇴폐, 부패).

역 타성(관성, 또는 무력증), 잠자다(죽은 상태), 기면병(혼수상태 또는 무감각상태), 망연자실(석화〔石化〕, 화석), 몽유병.

14 절제 Temperance

조화롭고 절제된 삶을 이야기하기도 하지만 주인공이 천사인 것은 그가 인간과 신의 연결다리임을 암시한다. 그는 다시 인간과 신을 잇는 교회 종사자들을 의미하게 되는데, 성직자들은 조화는 뒷전이고 분파를 일삼는다는 점에서 반대의 의미를 가지게 된다.

정 경제(절약, 검약), 중용(알맞음, 적당함, 절제), 검소, 관리(경영, 지배, 감독), 조화(적응, 조절).

역 교회와 연관된 인물들, 종교, 분파, 성직자, 게다가 분열을 부르는 불행한 결합, 교회 세력과 관련 있는.

15 사탄 The Devil

사탄은 스스로 결정할 권한이 없기 때문에 정해진 상황에서만 파괴와 힘을 행사할 수 있다.(대부분의 문헌에서 사탄의 힘에 대한 행사는 계약을 필수로 한다.) 이러한 이유로 사탄의 힘에 의한 재난을 당하더라도 그것은 사탄의 영향은 아닌 것. 그러나 사람들은 반대로 모든 것은 사탄 때문이라고 생각한다. 그것이 무지로 인한 것임은 알지 못한다.

정 파괴(황폐), 폭력(폭행, 강간), 격렬함(격정), 이상한(비범한, 비상한), 노력(수고, 그로 인한 성과), 힘(으로 행사하는 폭력이나 무력), 재난(참사 등의 불운), 운명 그러나 이것은 악마로 인한 것이 아니다.

역 악마의 영향(불길한 운명, 불운한 재난), 약함(가냘픔, 우유부단 등의 약점), 하찮음, 무지함(맹목적임, 무분별함).

타로 카드 길잡이

16 무너지는 탑 The Tower

탑은 인간의 자존심과 성취욕을, 무너지는 탑은 그러한 것들이 무너지는 것을 의미한다.

정 정신적 고통(괴로움, 비탄, 비참함 때로는 불행이나 고난), 고뇌(빈곤, 재난), 불운(역경), 불행(재난), 치욕(망신), 속임(기만, 사기 등에 현혹되다), 파멸(폐허, 멸망).

역 어떤 사람들은 정 방향의 뜻을 약간 약하게 해석하라고 말하기도 한다. 대부분은 압제, 감금, 정치적 횡포.(때로는 주도권을 가진 사람이 권력을 남용하다.)

17 별 The Star

별은 판도라의 상자이다. 인간은 어리석게도 신의 선물을 모두 잃어버리고 마지막으로 남은 것이 희망이다.

정 잃다(실패하다, 사망하다, 분실하다), 도둑질, 몰수(상실, 결핍, 궁핍), 포기, 또 다른 해석으로는 희망이나, 빛, 전망, 가능성의 의미가 있다.

역 거만(오만), 건방진, 무기력하다(노쇠하다).

18 달 The Moon

달은 변화하는 모든 것들에 비교된다.

정 숨겨진 적, 위험, 비방(중상모략), 암흑(흑심), 공포, 속임(기만, 현혹, 사기), 과실(죄).

역 불안정, 변덕, 침묵(비밀엄수, 망각, 묵살), 크지 않은 사기나 죄.

19 태양 The Sun

모든 사람들이 보기만 해도 뜻을 알 수 있는 아주 간단한 카드이다. 행복과 성공을 상징하며, 첫 번째 카드에서 태양이 나왔을 때에는 어떠한 질문이건 긍정적인 답변으로 해석하게 된다. 임신 상태에서 태양 카드는 쌍둥이를 암시하기도 한다.

정 물질적인 행복, 운명적인 행복한 결혼, 만족함.

역 정 방향의 뜻을 약하게 해석하거나 기대보다 부족한 상태로 해석하면 된다. 때로는 지나친 바람에 대해 충고하는 의미로 쓰이기도 한다.(예를 들면, 현재 충분히 행복한 상태임에도 불구하고 질문자는 아직 부족하다고 생각하는 경우.)

20 구원 Judgement

신의 소리가 들리는 때, 신이 다시 지상에 내려와 지옥과 지상의 고통받는 사람을 구원하는 시간을 의미한다.

정 지위(입장, 처지, 신분)이 바뀌다, 재생(부활, 새롭게 하다), 결과 또는 성과.

역 정 방향의 뜻을 약하게 해석하기도 한다. 이 카드에서는 때가 가까워 온 것을 의미하기도 한다.(질문자가 생각하는 때가 가까워 왔음을 의미하거나 결과가 다가오는 것으로 해석해도 무관하다.)

21 세계 The World

세계 카드에는 두 가지 견해가 있다. 하나는 테두리의 원이 자궁이며 벌거벗은 여자는 탄생의 길을 빠져 나가는 인간을 의미한다는 것과, 나머지 하나는 원이 월계수로 이루어진 승리를 뜻하며 4가지의 상징은 모든 것을 가졌음을 의미한다는 것이다. 해석할 때는 상황에 따라 둘 다 사용해도 좋다.

정 확실한 성공(절대 실패할 이유가 없음), 여행, 길, 이주(또는 이민),

날다(가끔은 날 듯이 추격하거나 목표를 따라간다는 의미로도 사용한다.), 공간을 바꾸다.(혹은 장소나 지역을 바꾸다.)

역　태만(부주의나 과실), 고정(부동), 정체, 영구하거나 항구적인 것.

마이너 카드 — 소드(Sword)

왕 소드 King of Swords

그는 법을 집행하는 사람이다. 그는 칼을 들고 임무를 계속 수행할 것이다.

정　어떠한 일이라도 법의 테두리에서 벗어난 일이라면, 재판을 받을 것이다. 명령, 직권, 전술, 법, 집행자의 사무실, 그와 연관된 것들.

역　잔혹, 사악, 잔인, 배신 행위, 사악한 의지.

여왕 소드 Queen of Swords

그녀는 칼을 높이 들어 올리고 공격할 것을, 전진할 것을 명령한다. 그녀의 팔은 팔걸이에 걸쳐 있다. 그녀는 아주 굳건한 표정으로 앞을 바라보고 있다. 마치 그녀의 앞에 그녀를 위한 기사가 자리잡고 있는 것처럼, 그녀는 이 행동이 슬픈 결과를 불러오게 될 것임을 잘 알고 있다.

정　과부, 여성적인 기질의 슬픔과 가난, 방심, 빈약, 슬퍼하다, 박탈, 이별.

역　악의, 편협, 책략, 고상한 척하기, 사기.

기사 소드 Knight of Swords

그는 의지에 가득차 있다. 그는 적들을 용서하지 않을 것이다.

정　기술, 용기, 능력, 방어, 적의, 분노, 전쟁, 파괴, 반대, 저항, 파멸.

역　경솔, 무능, 무절제.

소년 소드 Page of Swords

소년은 아주 유연한 자세를 취하고 있다. 그는 두 손으로 칼을 높이 들고 있다. 그는 걸어가다가 멈춘 것으로 보인다.

정 권위, 내려다보다, 비밀기관, 경계, 스파이(혹은 탐색), 테스트, 자신의 소유인지 확인하다(재능, 금권력, 혹은 인물에 대해).

역 정 방향 해석의 나쁜 측면, 세상에 대해 준비가 되지 않은 젊은 사람, 준비가 되지 않은 상태, 가벼운 병 같은 사사로운 일들을 이야기하기도 한다.

텐 소드 Ten of Swords

카드의 인물을 완벽하게 쓰러뜨리는 데 성공하였다.

정 고통, 슬픔, 황폐, 눈물.

역 이익, 성공, 호의.(물론 정 방향 카드의 영향을 받아 영구적이거나 절대적이지 않고 변화할 수 있다. 이 모든 결과는 당신의 권위와 능력에 달려 있다.)

나인 소드 Nine of Swords

그녀는 비탄에 잠겨 침대 위에 앉아 있다. 칼은 그녀를 가로지르고 있다.

정 죽음, 실패, 실패, 지연, 속임, 실망, 절망.

역 감금, 혐의, 의심에 대해 두려워하다, 부끄러움.

에이트 소드 Eight of Swords

그녀는 주변의 상황에 대해 무력하다. 칼은 그녀의 곁에 인접해 있다.

정 나쁜 소식, 격렬한 노여움, 위기, 비난, 강한 힘을 가진 장애물, 투쟁, 비방, 질병.

역 불안, 어려움, 반대, 사고, 배반, 상황을 예측하지 않는 태도, 불운.

세븐 소드 Seven of Swords

한 남자가 5개의 칼을 재빠르게 집어들고 몰래 도망가고 있다. 2개의 칼은 땅에 꽂혀 제자리에 남아 있다. 2개의 칼은 캠프 가까이에 있다.

정 디자인, 시도, 소원, 희망, 신용, 싸우다, 불쾌감을 일으킬 만한 실패할지도 모르는 계획.

역 친절한 충고, 상담, 훈련, 중상모략(비방), 쓸데없는 수다.

식스 소드 Six of Swords

한 남자가 나룻배로 손님을 실어 나르고 있다.

정 뱃길의 여행, 항로, 길을 즐겨라(가는 길은 선원에게 맡기고), 적당한 위치, 시간.

역 공표, 자백, 평판, 이러한 행위는 사랑에 관한 내용이다.

파이브 소드 Five of Swords

한 남자가 물러가는 사람들의 낙담한 표정을 바라보고 있다. 두 개의 칼이 땅에 눕혀져 있다. 두 사람은 그의 반대편으로 걸어간다. 그는 오른손에 있는 세 번째 칼로 땅을 짚고 있다. 그는 그 들판의 마스터이다. 들판의 1인자, 그리고 들판에서 가장 높은 사람이다.

정 좌천, 파괴, 악명, 불명예, 손해.

역 정의 위치를 기본으로 포함하며 묘지, 장례식이라는 뜻도 있다.

포 소드 Four of Swords

기사는 기도하는 자세로 무덤에 누워 있다. 이곳은 그의 무덤이다.

정 경계하라, 조심하라, 퇴각하는 것이 좋다, 은거, 수행자의 휴식, 추방자, 무덤과 관.

역 지혜로운 통치자, 신중함, 절약 또는 그 반대의 탐욕, 사전대응, 유서.

쓰리 소드 Three of Swords

심장을 찌른 세 개의 칼. 흐린 하늘에는 비가 내리고 있다.

정 제거, 부재, 지연, 분할, 파열, 분산, 카드에 그려진 상징이 뜻할 수 있는 모든 것.

역 정신적인 소외감, 잘못, 분실, 실수, 혼란, 정신이 산만하다.

투 소드 Two of Swords

그녀는 그녀의 어깨에 놓인 2개의 칼을 비교하고 있다.

정 평형에 적합한 것을 제안하다(누구에게나 공평한 것을 제안하다.), 용기, 친구로서의 사귐, 친선협약은 두 팔 안에 있다(자신의 권리 내에 있다), 애정, 친교.

역 사기, 거짓말, 일구이언, 불신.

에이스 소드 Ace of Swords

구름에서 뻗어 나온 손은 왕관을 칼을 건네주려 한다.

정 승리, 과도함(재력, 권위 등에 있어서 포화상태를 넘어선 것), 정복, 힘으로 정복하는 것 이것은 힘에 대한 카드이며 질투를 포함한 사랑에 관한 카드이기도 하다.

역 착상(새로운 아이디어), 출산, 증가되거나 다양하게 변화하는 것.

마이너 카드 ─ 완즈(Wand)

왕 완즈 King of Wands

이 인간적이며 정서적으로 자연스러운 감정을 내포한 카드는 어둡고, 열정적이며, 기운차며 기품을 가지고 있다. 그는 생명력이 있는 나뭇가지를 받쳐들고 있으며 나머지 슈트의 왕처럼 지위를 상징하는 왕관을 쓰고 있다. 그의 왕좌는 그의 가문을 상징하는 사자가 새겨져 있다.

정 음울한 남자, 호의적인, 동포(같은 지역 출신자 중에서 남자), 널리 알려진 결혼, 공정하고 성실한 사람.

역 만족할 만한 그러나 근접하기 어려운, 엄숙한, 너그러움이 부족한.

여왕 완즈 Queen of Wands

완즈 슈트가 나타내고 상징하고자 한 것은 '잎'이다. 삶에 대한 생명력과 활기를 말한다. 감정적이고 또한 그녀의 성격은 왕과 흡사하다. 그러나 여왕은 왕보다 더욱 매력적이다.

정 음울한 여자, 동포(같은 지역 출신자 중에서 여자), 호의적인, 정숙한, 상냥한, 고결한, 가까이 있는 남자를 나타내기도 한다.(만약에 질문자가 남자이고 여성에 대해서 물었다면 그 여성은 질문자를 느끼고 있다.) 물론, 물질적 욕구를 상징하기도 한다,

역 만족할 만한, 경제적인, (타인에게)친절한, 실용적인, 그러나 때로는 기만과 불신을 상징하기도 한다.

기사 완즈 Knight of Wands

그는 긴 여행을 상징한다. 그는 짧은 막대로 무장하고 있다. 물론 그가 전쟁에 적합한 무기를 가지고 있지는 않으나, 임무를 수행하는 중이다.

주소를 옮기다.

역 불화, 분할(분리), 차단, 내분.

소년 완즈 Page of Wands

그는 앞서 나온 기사와 비슷하다. 그는 연설하려는 사람처럼 보인다. 그는 유명한 사람은 아니지만 믿을 만한 사람이다. 그는 특이한 이야기를 할 것이다.(어쩌면 나쁜 소식일지도 모른다.)

정 어두운 청년, 성실한, 연인, 외교관, 우편배달부, 가까이에 있는 남자.(그는 옆에서 긍정적인 대답을 불러낼 것이다. 만약 그가 소년 컵 카드 다음에 위치한다면 그는 위험한 경쟁자를 상징한다. 그는 완즈 슈트를 대표하는 성격을 가지고 있다.)

역 일화(기담), 공표(또는 통지서), 나쁜 소식, 또 그는 우유부단과 불안정함을 가지고 있다.

텐 완즈 Ten of Wands

10개의 완즈는 그 무게로 짊어지고 있는 그를 압박하고 있다.

정 조화롭지 못한 상황, 운명적 상황(손실을 초래하거나 손해를 입을 수 있으며 반대로 성과를 얻을 수도 있다.), 이익이나 소득, 배신, 드러나지 않은 것, 그는 목적지에 도달하면 그가 짊어진 것(그가 내포하고 있는 문제)로 인해 고민하게 될 것이다.(만약 이 카드의 뒤에 나인 소드 9번 카드가 자리잡게 된다면, 지금의 일은 어리석은 것이며 법률적인 문제나 손실은 어쩔 수 없는 사실이 될 것이다.)

역 상반되는 사실, 어려움(곤란함), 책략으로 성과를 얻다, 그것과 유사한 것들.

나인 완즈 Nine of Wands

그는 막대기에 기대 서 있다. 그는 적을 기다리고 있는 것처럼 보인다. 나머지 막대기는 똑바로 서 있다. 이것은 그의 정돈된 성격을 나타낸다.

정 이 카드는 저항할 수 있는 용기를 나타낸다. 만약 공격당하게 된다면 그는 맹렬하게 저항할 것이다. 이것은 매우 중요한 일들(그것과 연관된 것들)이 연기되거나 정지되는 것을 이야기한다.

역 장애(또는 방해물), 불행, 재난.

에이트 완즈 Eight of Wands

이 카드는 꿰뚫는 것을 상징한다. 막대기들은 광활한 대지를 향해 비행하고 있다.

정 사업을 떠 맡다, 과거에 진행된 사업, 빠른(혹은 재빠른), 빠른 메신저, 굉장히 서두르다, 커다란 희망, 이 신속함은 앞으로 다가올 대단한 행복을 약속하는 것이다, 일반적으로 움직이는 것들을 상징한다(때로는 사랑의 화살 같은).

역 질투의 화살, 본질적인 논쟁, 양심에 관계되는 가시 있는 논쟁이 계속된다.

세븐 완즈 Seven of Wands

이 청년은 울퉁불퉁한 언덕 위에 서서 창을 휘두르고 있다. 나머지 6개의 막대기는 그를 향해 솟구치고 있다.

정 지적인 수준을 상승시키는데 필요한 논쟁, 말다툼, 사업적인 협상, 무역전쟁(서로의 수익을 높게 잡기 위한 계약상의 논쟁), 무역, 경쟁사(혹은 경쟁자, 물론 이 카드는 예상한 것보다 큰 성공을 이야기한다.), 그는 이미 상위에 위치해 있고 경쟁자는 그를 이길 수 없다.

역 혼란(분규), 방해, 고민(근심거리).

식스 완즈 Six of Wands

그는 월계관을 쓰고 승리를 자축하고 있다. 그가 들고 있는 막대기는 월계수로 장식되어 있다. 그의 시종들은 막대기를 들고 그의 뒤를 따르고 있다. 이 카드는 여러 가지 의미를 담을 수 있도록 디자인되었다. 표면적으로 그는 승리자를 상징한다. 그는 대단히 중요한 뉴스를 전달하기 위한 메신저일지도 모른다. 그 소식은 기대하고 있는 권위와 명예라고 보여진다.

정 불안, 공포, 이미 승리를 거둔 적을 맞이하는 불안, 적에게 열려 있는 문.

역 불안과 공포, 그리고 저항할 수 없는 압박감.

파이브 완즈 Five of Wands

지금 그들은 모의전쟁을 하고 있다.

정 가짜, 모의전투, 그들의 운명과 부를 위해 맞붙는 사람들을 이야기한다. 때문에 이 카드는 부, 이익, 풍요를 상징한다.

역 소송, 논쟁, 사기, 모순.

포 완즈(Four of Wands)

4개의 커다란 막대기는 성의 앞에 세워져 있으며 꽃으로 만들어진 화환으로 장식되어 있다. 그 전경에는 여인들이 꽃다발을 들어 올리고 있다. 그들은 성으로 들어가는 다리의 옆에 서 있다.

정 외면적으로는 평온한 시골의 삶, 휴식, 일치, 조화, 번영, 평화, 이 모든 것들은 완벽한 한 시기를 보여주고 있다.

역 역으로 된다고 해도 뜻은 변하지 않고 번영, 증가, 경사, 아름다움,

장식을 상징하고 있다.

쓰리 완즈 Three of Wands

그의 뒤쪽에는 3개의 막대기가 세워져 있다. 그는 한 개에 조심스럽게 기대어 바다를 지나가는 배들을 지켜보고 있다. 그는 안정된 힘의 상징이다.

정 안정된 힘의 상징, 사업, 노력, 장사, 무역, 발견.

역 역경이 끝나다, 노력에 비해서 실망스러운 결과.

투 완즈 Two of Wands

키가 큰 남자가 흉벽 위에 서서 앞을 바라보고 있다. 그의 오른손에는 구(球)를 들고 있으며, 왼손은 흉벽 위에 세워진 막대기를 잡고 있다. 나머지 하나의 막대기는 링으로 고정되어 있다. 그의 왼쪽에 장미와 백합의 상징이 십자 모양으로 엮여 있는데, 장식을 주목해야 한다.

정 꿈과 현실의 괴리감에서 오는 딜레마.

역 놀라움, 경탄하다, 환희, 감동, 고생하다, 공포.

에이스 완즈 Ace of Wands

구름 사이에 뻗어 나온 손이 하늘을 향해 서 있는 막대기를 잡고 있다.

정 창조, 발명, 사업, 원리(시초, 근원), 가족(혈통, 가문), 사업의 시작으로부터 기인한 권력, 또 다른 설명으로는 돈, 운명, 상속재산을 말하기도 한다.

역 쇠퇴, 타락, 파괴, 완전한 파멸, 소멸, 완전한 기쁨은 아니다.

마이너 카드 — 컵(Cup)

왕 컵 King of Cups

그는 왼손에 왕권의 상징인 짧은 홀을, 오른손에는 커다란 컵을 쥐고 있다. 그의 왕좌는 바다 위에 자리잡고 있다. 화면의 한쪽에는 배가 떠 있으며 반대편에는 돌고래가 파도를 뛰어넘고 있다. 컵의 상징은 절대적으로 물을 상징하고 있으며, 이 물은 컵의 코트 카드 4장에 모두 그려져 있다.

정 공평한 사람, 사업적인 사람(판단에 있어서 사업을 우선으로 두는 사람), 법률 또는 신성, 질문자에게 책임을 떠맡기거나 강요할 수 있는 사람, 공명정대, 예술적이고 과학적인, 또는 법에 가까우면서 예술적인, 과학과 창조적인 지성.

역 정직하지 못한, 일구이언하는 사람(말과 행동이 다르거나 말이 바뀌는 사람), 사기협잡, 강제징수, 권리침해, 악덕, 스캔들.

여왕 컵 Queen of Cups

아름다우며, 공평한, 컵 안의 비전을 꿈꾸듯이 바라보고 있는 여성.

정 훌륭하고 정서적인 여성, 성실하며, 헌신적인 여성, 질문자에게 봉사하는 여자, 지성을 사랑하며, 이러한 이유로 비전의 능력을 가지고 있는, 성공, 행복, 즐거움, 그리고 현명함과 미덕.

역 중요성은 바뀌게 된다, 좋은 여인, 다른 상황에서는 기품 있는 여자 그러나 신뢰받지 못하는 여성, 고집스러운 여자, 매력적이나 악덕한, 타락.

기사 컵 Knight of Cups

그는 기품이 있으나 호전적이지 않다. 그는 날개 달린 투구를 쓰고 조용히 말을 타고 있다. 가끔 이 카드의 모습은 그가 더 높은 곳의 은총(신의 은혜)과 관련이 있다고 묘사하곤 한다.

정 사자의 도착, 도착, 진보적인, 기획(또는 제안), 품행, 초청장, 자극 (격려).

역 속임수, 책략, 교묘함, 사기행위, 이중성, 배신.

소년 컵 Page of Cups

충분히 즐거운 약간은 사내답지 못한 소년은 신중한 시선으로 집중하여 컵으로 부터 떠오른 물고기를 찬찬히 훑어보고 있다.

정 나무랄데 없는 청년, 그는 질문자와 관계가 있으며 질문자가 공헌을 할 수 있도록 재촉하는 사람이다. 열심히 노력하는 청년기, 소식, 전갈, 타당성, 심사숙고, 명상(또는 묵상), 이것은 모두 사업을 계획성 있게 진행하도록 한다.

역 미각, 성향, 귀속, 유혹, 기만, 책략.

텐 컵 Ten of Cups

무지개 위에 투영된 10개의 컵은 기적적인 황홀감을 여인과 남자에게 보여주고 있다. 두 사람은 분명히 부부일 것이다. 그의 오른팔은 그녀를 감싸고 있다. 그의 왼팔은 하늘을 향해 높이 들어 올려져 있으며 오른팔 또한 하늘을 향해 높이 들어 올려져 있다. 그들 가까이에서 춤추고 있는 아이들은 하늘을 바라보고 있지 않지만, 그들은 충분히 행복해 하고 있다. 그들의 집이 저 멀리 보이고 있다.

정 마음의 평온, 완전무결하게 평온한 마음, 완전한 상황(일부 카드와 함께 해석할 때는 질문자의 수입의 일부를 가져가는 사람(세금징수관이거나 지배자) 을 뜻할 수 있다. 그가 살고 있는 나라, 출신 지역을 뜻하는 경우도 있다.)

역 상처받은 마음을 휴식하다, 분개, 폭력.

나인 컵 Nine of Cups

그는 잘생긴 미소를 짓고 있으며 스스로 만족하기 위한 축연을 베풀고 있다. 그의 원기를 회복하게 하는 풍부한 와인은 그의 뒤에 있는 아치형의 카운터 위에 펼쳐져 있다.

정 조화(평화), 만족감(마음의 평온), 해방, 물질적인 일에 대한 축배, 모든 승리와 성공 등의 우월한 점.

역 진실, 애국적인 행동, 해방, 가끔은 오해, 불완전.

에이트 컵 Eight of Cups

한 남자가 경사진 사막으로 걸어가고 있다. 그는 의무를 저버리고 걸어간다. 그의 뒤에 남겨진 컵들은 그의 행복이나 사업, 그밖에 그와 연관된 의무를 상징한다.

정 이 카드는 보여지는 것과는 정반대의 뜻을 이야기하고 있다. 이 카드는 기쁨을 보여주고 있다. 물론 그의 온순함이 가지고 있는 내성적인 성격, 겸손함을 상징하기도 하지만 명예를 이야기하기도 한다.

역 커다란 기쁨, 행복, 축제.

세븐 컵 Seven of Cups

신비한 컵의 환영.

정 요정이 주는 친절 같은 것들, 투영되는 이미지, 감정, 상상 속의 것들, 그러나 현실적인 것은 단 하나도 주어지지 않는다. 이 장면은 영구적이지 않다.

역 원하는 것, 현재, 결정, 계획.

식스 컵 Six of cups

오래된 아덴의 숲, 어린아이들의 컵은 꽃으로 가득차 있다. 이 카드는 과거의 기억을 상기시킨다.

정 돌아보다, 유년시절의 한때, 행복, 기쁨, 새로운 관계, 새로운 지식, 새로운 환경.

역 미래, 부활, 미래를 향해서 전진하다.

파이브 컵 Five of Cups

그는 검은 외투를 입고 있다. 그의 옆에는 이미 엎어진 컵들이 놓여 있다. 그의 뒤에는 두 개의 컵이 서 있다. 배경의 다리는 그를 붙들고 있는 미련이다.

정 손실(일부는 남아 있는 상태), 상속된 재산, 소식(기대와 일치하지 않을 수도 있는), 실패, 욕구불만.

역 새로운 소식, 동맹, 인척, 혈족관계, 가문, 되돌아가다(상황이나 시점으로), 잘못된 계획(또는 억지로 강요된 부당한 계획).

포 컵 Four of Cups

한 청년이 나무 아래 앉아 있다. 그의 앞에는 3개의 컵이 나란히 놓여 있는데, 구름으로 둘러싸인 손 하나가 그에게 한 개의 컵을 제시한다. 그는 앞에 놓인 컵이 아닌 구름 사이의 컵을 바라보고 있다. 그의 표정은 그럼에도 불구하고 불만스러움을 표시하고 있다.

정 피로, 혐오, 반감, 상상의 고민거리.

역 새로움, 예감, 새로운 명령, 새로운 관계.

쓰리 컵 Three of Cups

3명의 처녀들이 높이 올린 컵을 부딪치고 있다. 이것은 마치 그들간의 서약처럼 보인다.

정 완벽하게 끝난 결과에 대한 즐거운 이야기, 완벽한 결말, 행복한 논

쟁의 거리, 승리, 실현된다, 위안, 치유되다.(슬픔이나 병과 고통에서)

역 탐험, 급파하다, 업적(학업 운에서는 성적), 끝나다.

투 컵 Two of Cups

청년과 처녀는 서로의 맹세를 서약하고 있다. 컵 위쪽에는 날개 달린 사자의 머리가 헤르메스의 창을 들어 올리고 있다. 이것은 오래된 상징 중의 하나이다. 물론 특이한 뜻을 가지고 있지만, 카드의 해석과는 연관되어 있지 않다.

정 사랑, 열정, 우정, 성적인 결합, 예언과 관계하는 사람에게는 '영적인 성숙'을 의미하기도 한다.

역 잘못된 사람, 어리석음, 오해.

에이스 컵 Ace of cups

컵 아래에 있는 것은 물로 인해 피어난 연꽃이다. 빛나는 손은 구름 사이에서 튀어나와 있다. 구름은 4줄기의 물이 흐르고 있는 컵을 붙들고 있다. 비둘기는 십자 마크의 성체를 물 위에 내려놓기 위해 하강하고 있다. 물줄기 주변에는 물보라가 보인다. 이 카드는 암시를 가지고 있다. 이 카드는 함께 위치한 다른 카드들의 뜻에 영향을 끼칠 것이다.

정 서로 사랑하는 가정, 즐거움, 포용능력, 거처, 양육, 충만, 비옥, 신의 제단, 지복과 관계된 것들.

역 감정과 연관된 가정 내부의 문제, 변화, 불안정한 기질, 순환의 주기.

마이너 카드 — 펜타클(Pentacle)

왕 펜타클 King of Pentacles

이 카드에 대해서는 별다른 설명이 붙어 있지 않다. 그의 주변은 검은색으로 장식되어 있다. 그의 왕좌, 발 밑 같은 부분들, 그는 피곤한 표정을 짓고 있다. 그의 왕좌를 장식한 황소머리 장식에 주목하기 바란다. 왕은 펜타클을 들고 있다. 이 상징은 펜타클 슈트의 처음부터 끝까지 출현한다. 펜타클은 4원소 중 하나이며, 이것이 인간에게 끼치는 영향은 이 슈트를 통해 알 수 있을 것이다.

정　용기, 지성, 사업적이거나 일반적인, 지적인 재능, 가끔은 꼭 들어맞는 선물, 성공의 길.

역　악덕함, 약함, 추함, 심술궂음, 부패, 위험.

여왕 펜타클 Queen of Pentacles

이 카드는 어두운 표정을 한 여인을 보여주고 있다. 그녀의 모습은 영혼의 위대함이 얼마나 중요한 것인가를 말하고 있다. 그녀는 펜타클이 그녀의 상징이라는 것을 보여주고 있으며, 이 펜타클을 통해 그녀의 세계를 바라보고 있다.

정　풍부한, 아량 있는, 장엄한, 안전한, 자유.

역　사악, 혐의, 두려움, 미결, 불신.

기사 펜타클 Knignt of Pentacles

그는 아주 느리게 말을 타고 있다. 그는 그와 똑같이 느리고 무거운 말을 타고 있다.

정　유용함, 쓸모있음, 흥미, 책임, 정직.

역　관성, 나태, 평온함, 부주의.

소년 펜타클 Page of Pentacles

소년은 그의 손 위에 떠 있는 펜타클을 하염없이 바라보고 있다.

정 적용, 학문, 반사, 연구, 또 다른 뜻으로는 소식이나 지배자의 명령을 가져온다는 뜻도 있다.

역 방탕, 낭비, 관용, 사치, 나쁜 소식.

텐 펜타클 Ten of Pentacles

이제 그들은 가족을 이루었다. 주변의 펜타클은 그들에게 주어진 여러 가지를 나타낸다.

정 기쁨, 가문, 새로운 가족.

역 위험한 경기, 때로는 선물이나 결혼 지참금, 연금을 말하기도 한다.

나인 펜타클 Nine of Pentacles

여인은 손목에 새를 앉혀 두었다. 그녀는 커다란 집의 정원에서 가득 열린 포도, 즉 많은 부(富)의 한가운데 서 있다.

정 신중, 확신, 안전, 성공, 식별력.

역 장난, 속임(기만), 무효화된 계획, 잘못된 신뢰.(가끔은 사이비 종교를 말하기도 한다.)

에이트 펜타클 Eight of Pentacles

돌에 조각을 하고 있는 예술가.

정 작업, 고용되다, 임무(혹은 직업), 장인의 솜씨, 직업적인 기술.

역 실패한 야망, 허영심, 탐욕, 고리대금, 강제징수.

세븐 펜타클 Seven of Pentacles

젊은 청년은 자신의 막대기에 기대 서 있다. 그는 그의 소유인 펜타클들을 바라보고 있다. 이것은 그의 보물이며 그의 마음은 펜타클을 향해 있다.

정 돈이나 사업, 무역, 물물교환, 논쟁, 무지함, 창의력, 숙청.

역 돈과 연관된 걱정.

식스 펜타클 Six of Pentacles

부를 가진 상인은 돈의 무게를 재어 가난한 사람들에게 분배한다. 그의 뒷편에는 그의 영토와 성이 보인다.

정 현재(시간적으로), 선물, 큰 기쁨, 또 다른 뜻으로는 주의를 끌다, 경계하다, 바로 기다리던 시간, 현재 지니고 있는 번영과 그 밖의 것들.

역 욕망, 탐욕, 질투, 시샘.

파이브 펜타클 Five of Pentacles

그들은 눈보라 속을 지나간다. 그들은 밝은 창문의 빛을 지나치고 있다.

정 문제가 될 수 있는 모든 사건, 중요한 문제들, 사랑이나 연인과 연관 있는 모든 것들, 남편, 친구, 인척.

역 무질서, 혼돈, 부조화, 방탕.

포 펜타클 Four of Pentacles

왕관 위에 놓여 있는 펜타클, 그가 손과 팔로 감싸안은 또 한 개, 나머지 두 개는 그의 두 발로 꼭 밟고 있다. 이것은 그가 원하던 바이다.

정 그가 완벽하게 소유하고 있는 것, 그가 고수하고 있는 재산, 선물, 유산, 상속재산.

역 미결, 지연, 반대.

쓰리 펜타클 Three of Pentacles

수도원에서 작업을 하고 있는 조각가.

정 직업, 흥정, 숙련된 노동, 보통은 고귀함, 상류계급, 유명인사, 영광.

역 단순노동, 때로는 유치함, 시시함, 약함.

투 펜타클 Two of Pentacles

춤추는 손 위의 펜타클은 무한의 상징으로 결합된다. 젊은 남성은 손 위에 펜타클을 들고 있다.

정 유쾌함, 기분 좋음, 장애, 뒤섞임, 혼란.

역 강제로 들뜬 모습을 보이게 하다, 융통성 없음, 유쾌함을 흉내내다, 서체, 작문법, 교환편지.

에이스 펜타클 Ace of Pentacles

물론 다른 슈트의 에이스 카드와 마찬가지로 구름에서 나온 손이 펜타클을 붙들고 있다.

정 이상적인 만족, 경사(기쁜 일), 대단한 행복, 무아지경, 빠른 이해, 금.

역 타락한 부, 잘못된 지혜, 지나친 부.

제 12 장

초보자를 위한 Q&A 50가지

1. 타로 카드가 뭐에요?

15세기부터 유행이 시작된 점술용 카드의 한 가지로, 유사한 것으로는 트럼프와 독일의 타록이 있습니다. 트럼프는 17세기 이후 프랑스로 건너간 마르세이유로 타로의 영향을 받아 제작되었고, 비슷한 시기에 독일로 건너간 타로는 숫자놀이 개념의 타록이 됩니다. 타록은 일정 숫자의 카드를 뽑는 게임인데, 이것이 타로와 유사하다 하여 타로의 역사에 넣는 경우가 있습니다.

타로 카드란 '메이저 카드와 마이너 카드로 구성된 카드' 입니다. 카드의 장수는 78장을 기준으로 그보다 많거나 적을 수 있습니다. 유럽권에서는 메이저 카드만 있는 카드들이 상당수 존재합니다. 카드를 섞어 선택되는 카드의 뜻을 읽어 미래를 점치거나 현재 상태를 판단할 수 있습니다.

2. 덱이 뭐에요?

덱(Deck)이란 카드 한 무더기를 뜻하는 말입니다. 즉, 한 세트의 타로 카드를 뜻합니다.

3. 셔플이 뭐에요?

셔플(Shuffle)이란 '카드를 뒤섞다' 라는 뜻입니다. 즉 카드를 선택하기 전에 카드를 섞어 준비하는 과정을 뜻합니다.

셔플에는 여러 가지 방법이 있으며 대표적인 방법으로는 손 안에서 섞기 (손에 들고 섞는 방법으로 가장 많이 쓰입니다.), 바닥에서 섞기(바닥에 카드를 뿌려 놓고 손으로 좌측이나 우측으로 원을 그려 섞거나 가로로 그려진 8자로 뒤섞은 다음 합쳐서 사용합니다.) 등이 있습니다. 섞는 방법은 자신이 얼마든지 개발할 수 있습니다. 카드가 잘 섞이고, 휘거나 구겨지지 않는 방법이라면 무엇이든 가능합니다.

4. 타로 카드는 몇 장인가요?

현재 가장 많이 사용되는 현대식 타로는 메이저 카드 22장과 마이너 카드 56장으로 구성된 78장의 카드입니다.

마이너 카드는 다시 4가지의 슈트로 나뉘어지고, 이것은 다시 10개의 숫자 카드(0~9번까지)와 4장의 귀족 카드(왕, 여왕, 기사, 소년)로 나뉩니다. 가끔은 이 귀족 카드 중에서 소년을 빼 버리고 74장으로 만들거나 다른 슈트 카드를 더해 79~81장으로 만들기도 합니다.

5. 덱 안에 78장 외에 다른 카드가 있어요. 이건 무엇인가요?

오픈 카드(Open Card)와 설명이 적힌 카드일 것입니다. 숫자도 없고 명칭도 없으니 궁금할 만합니다. 원래는 설명 때문에 들어간 카드입니다. 그러나 정통 클래식 타로에는 없는 카드로 비스콘티나 마르세이유에는 존재하지 않습니다.

이 카드는 여러 가지 용도로 활용하는데, 대부분은 공백 카드라고 부르며 셔플할 때 넣어서 뜻이 없는 카드로 쓰입니다.

6. 메이저 카드와 마이너 카드는 어떻게 나누나요?

2그룹으로 나누는 것보다는 3그룹으로 나누는 것이 편하실 것입니다. 0~21번까지의 숫자와 해당 카드의 이름이 쓰여진 것은 메이저 카드입니다. 소년, 기사, 여왕, 왕 등으로 되어 있는 것은 마이너의 귀족 카드입니다. 소드, 완즈, 컵, 펜타클이 1~10장까지 그려져 있는 것은 마이너 카드입니다.

7. 카드가 휘었습니다. 어떻게 해야 하나요?

원래 타로 카드는 종이에 인쇄된 것으로, 밀봉되어 있다가 공기에

노출되면서 급격한 변화를 겪게 되어 휘어 버릴 수 있습니다. 특히 뜨거운 바닥에 놓거나 습기가 많은 곳에 방치되면 휘는 것은 물론이고 상하는 경우도 있습니다.

셔플할 때 구부려서 휘어 버린 경우가 아니라면, 가장 좋은 방법은 양장본의 두꺼운 책에 한 장씩 끼워 눌러 주는 방법입니다. 절대로 다림질을 하시면 안 됩니다. 잘못하면 코팅된 부분이 눌어붙는 경우가 있습니다. 참고로 저는 《타로 백과사전(Encyclopedia of tarot)》을 주로 사용합니다. 책은 두껍고 무거운 것일수록 좋습니다. 사전을 사용하시는 것도 좋은 방법입니다.

8. 카드가 더러워지면 어떻게 해야 하나요?

물론 더러워진 카드를 완벽하게 깨끗이 할 수는 없습니다. 특히 옆면의 경우는 아무리 잘 닦아도 깨끗해지지 않습니다. 때문에 카드를 만질 때는 항상 손을 깨끗이 닦은 후 물기를 잘 말린 다음 사용해야 합니다.

그러나 종이라는 특성상 때가 타서 끈적거릴 때에는 소금물(가는 소금이나 볶은 소금은 절대 안 됩니다. 반드시 천연 소금을 사용하세요.)을 면이나 퍼프에 묻힌 다음 잘 짜서 살살 닦아줍니다. 타로의 정면에 얼룩이 묻었을 때는 지우개로 먼저 살살 문질러주고 닦아줍니다. 물기가 너무 많으면 카드 겉면에 상처가 생길 수 있으므로 주의하시기 바랍니다. 배경이 흰색이 아닌 경우에는 탈색될 수 있습니다.

9. 다른 사람이 쓰던 카드를 사용해도 됩니까?

카드는 지극히 개인적인 물건입니다. 보통 개인적인 물건은 남에게 빌려 주거나 하지 않습니다. 물론 카드에 대한 열정은 카드의 주인과 넘겨받는 사람의 개인 취향에 달려 있습니다.

예를 들어 흔히 남의 옷을 물려 입거나 빌려 입는 데 익숙한 분이라면 다른 사람이 쓰던 타로를 쓰는 것에 거부감을 느끼지는 않을 것입니다. 빌려 주는 사람, 혹은 주는 사람 또한 그런 부분에 익숙해야겠습니다. 만약에 누가 자신의 물건을 건드리는 것에 민감한 사람이라면, 자기 타로를 남이 건드리는 것만으로도 거부감을 가질 것입니다.

10. 스프레드란 무엇인가요?

스프레드(Spread)란 말 그대로 '카드를 펼치는 방법 또는 모양'을 말합니다. 1장부터 원하는 만큼 혹은 규칙대로 펼칠 수 있습니다.

우리나라에서는 켈틱 크로스(10~11장을 사용하는 방법)의 여러 가지 변형이 주로 사용됩니다만, 초보자에게는 추천하지 않습니다. 분명히 켈틱 크로스는 30분 이상이 걸리는 어려운 스프레드입니다. 78장의 카드를 눈감고도 완벽하게 외울 수 있는 경우가 아니라면 사용하지 않기를 바랍니다. 스프레드는 간단하고 의미있는 것들을 사용할 것을 추천합니다. 전세계에서 사용되는 3카드의 여러 가지 변형 스프레드로 여러분은 원하는 답변을 얻을 수 있을 것입니다.

11. 카드 정화(淨化)는 무엇인가요?

'정화'란 깨끗이 하는 것입니다. 카드를 정화하는 것은 카드 자체를 정화하는 것보다는 사용자의 마음을 정화하는 것을 우선으로 하며 사용자가 가지고 있는 모든 선입견을 제거해주는 것입니다.

따라서 카드를 초기화하는 78장의 순서 맞추기, 마음을 편안히 해주는 향 피우는 방법 등이 있습니다. 보호의 기능이 있는 여러 가지를 사용하기도 합니다.

12. 역 방향 해석은 카드가 가지고 있는 양면을 보여주는 건가요?

예, 원래 클래식이 만들어질 당시에는 역 방향이 없었습니다. 타로 카드를 배울 때 알게 되는 다섯 명의 스타 중의 한 명인, 그랜드 에틸라가 자신의 연구를 통해 상징이 거꾸로 놓였을 때의 해석을 만들게 되면서 모던 타로에서 널리 사용하게 되었습니다. 실제로 클래식의 영향을 받은 카드에는 역 방향 자체가 존재하지 않습니다.

원래 카드는 긍정적인 측면과 부정적인 측면의 키워드를 함께 가지고 있습니다. 역을 사용하지 않는 것이 카드의 해석을 단순화시킨다고 이야기합니다. 그러나 실제로 역을 사용하지 않을 때는, 역 방향의 키워드를 정 방향일 때도 사용하기 때문에 다양한 키워드를 사용할 수 있게 됩니다.

13. 정 방향과 역 방향의 구분은 어떻게 하나요?

메이저 카드의 12번 매달린 남자를 제외하고 인물이 제대로 서 있을 때를 정 방향, 거꾸로 뒤집혔을 때를 역 방향이라고 합니다. 일부 카드는 역이 되어도 뜻이 바뀌지 않는 경우가 있습니다.

14. 카드의 종류는 어떻게 나뉘나요?

일단 카드는 클래식 타로와 모던 타로, 클래식 개량판과 모던 아트 타로로 나눌 수 있습니다. 클래식에는 여러분이 널리 아시는 비스콘티 타로와 마르세이유 타로를 들 수 있습니다. 요즘 상당한 인기를 끌고 있는 뱀파이어의 경우 모던 타로입니다. 클래식 개량판은 로 스카라베오에서 출판된 상당수의 타로들, 모던 아트 타로는 논 타로(Non Tarot)*가 많습니다. 소울 타로(Soul Tarot) 같은 경우를 모던 아트 타로라고 합니다.

---

* 타로 카드라고 표기되어 있지만 78장의 구조와는 완전히 다른 구조를 가진, 흔히 오라클 타로의 일종을 말한다. 엔젤 파워 타로(Angel Power Tarot), 블레싱 타로(Blessing Tarot)가 이에 속한다.

15. 모든 타로 카드에 통용되는 메뉴얼은 없나요?

없습니다. 현재 널리 사용되고 있는 유에스게임스(U.S. GAMES SYSTEM)에서 나온 타로 중 상당수는 그랜드 마스터 스튜어트 카플란이 제작한 것입니다. 따라서 내용이 비슷한 경우가 있습니다. 그러나 클래식에서 모던으로 넘어오면서 상당한 변화를 겪었던 타로는 새로운 주류를 형성하게 되는데, 작가의 선택에 있어서 다양성이 주어졌다는 것입니다. 모든 상징을 한꺼번에 담고 있어야만 했던 타로 카드는 주제를 가지고 만들어지면서, 이에 따라 타로의 뜻은 카드의 종류에 따라 달라지게 되었습니다.

이 새로운 주류를 이끌었던 것은 클래식의 마지막, 작가주의의 시작을 알린 라이더 웨이트입니다. 다만 스튜어트 카플란이 자주 사용하는 기준의 메뉴얼을 사용한다면, 더 많은 타로 카드의 메뉴얼로 사용할 수 있을 것입니다.

16. 웨이트 계열이란?

우리나라에서 형성된 신조어로 외국에선 사용되지 않는 말입니다. 모던 타로들 중 상당수가 유니버설 웨이트처럼 라이더 웨이트를 기준으로 그려진 경우가 많아 이러한 타로를 통틀어 부르는 말입니다. 그러나 이 기준의 시작인 라이더 웨이트와 유니버설 웨이트의 내용이 다르기 때문에 적절한 표현이 아닙니다.

17. 초보자는 어떤 카드를 사용하는 것이 좋을까요?

78장으로 구성된 타로 카드 중에서 특별한 상징을 사용한 것이 아니라면 무엇이나 좋습니다. 모던 타로의 대부분은 초보자를 위해서 제작된 것입니다. 실제로 작가들은 메뉴얼 머리말에 '어려운 타로 카드를 쉽게 사용할 수 있게 하기 위해 타로를 만들었다.'고 말하고 있습니다. 따라서 마음에 드는 카드라면 무엇이든 문제가 되지 않습니다.

18. 메뉴얼에는 모든 내용이 들어 있나요?

메뉴얼은 말 그대로 카드를 사용하기 위한 설명서입니다. 작은 카드 상자에 함께 들어가도록 간단한 내용에 얇은 책자 형식으로 만들어져 있습니다.

카드를 해석하는 데 필요한 키워드와 1~3개 정도의 스프레드, 작가의 말 등을 담고 있습니다. 이를 보충하기 위해, 카드가 제작된 후에 어느 정도 시간이 흐르면 작가의 설명이 담긴 책이 출판되는 것이 추세입니다.

19. 클래식 타로와 모던 타로의 차이는 무엇인가요?

첫째, 클래식에는 0의 개념이 없습니다. 타로 카드가 처음 제작된 중세 때에는 0의 개념이 없었는데, 이집트와 동양의 문물이 타로에 접목되면서 생기기 시작하였습니다. 따라서 0번 카드의 순서가 변화하게 됩니다. 클래식 타로에서는 20번과 21번 사이에 0번 카드를 넣거나 21번의 뒷부분에 0번 카드를 놓습니다. 그러나 모던 타로에서는 0번 카드를 제일 앞에 놓습니다.

둘째, 클래식에서는 8번 힘(Strength)이 11번에 위치하고, 11번 법(Justice)이 8번에 위치합니다.

샛째, 클래식의 마이너 카드에는 인물이 없다는 것입니다. 물론 마이너 카드에 인물이 없으면서 0번 카드는 앞에 위치하고 8번과 11번의 순서가 모던 타로와 같은 경우에는, 클래식풍의 모던 타로라 부르지 클래식으로 분류하지 않습니다.

20. 우리나라의 타로 카드 역사는?

우리나라에는 1988년을 전후로 이태리나 유럽의 카드가 몇 종 수입되었습니다. 실제로 카드가 본격적으로 사용되기 시작한 것은 약 3년 전부터 일본 애니메이션이 유행되면서부터였습니다. 애니메이션 카드의 카피 버전이 한국의 애니메이션 콜렉터들에게 퍼지면서 타로 카드가 재유행하였습니다. 현재 정식으로 출판된 한국 국적의 타로 카드는 없으며, 정식 라이센스 버전은 물병자리에서 나온《그리스 신화 타로》외 1권이 있습니다.

21. 타로 카드를 그리고 싶어요.

타로 카드를 그리고 싶다면 일단 78장의 구조를 파악하는 것이 중요합니다. 연관되는 상징을 가진 3개씩의 7개조 카드에 1장을 더한 22장이 메이저 카드입니다. 물론 정확하게 3장씩으로 나뉘는 카드도 있고 아닌 경우도 있습니다. 하지만 새로 그릴 때는 나누어 그리는 편이 훨씬 편합니다. 마이너 카드 56장은 4개조로 이루어져 있습니다. 이 4개의 상징을 선택하는 방법은 다양합니다. 물·불·바람·흙이라는 개념을 넣든지, 오각별(육각별), 완즈(혹은 스태프), 소드, 컵(혹은 칼듀론)을 선택해도 괜찮습니다. 가끔은 꽃, 씨앗, 나뭇잎, 뿌리 등의 4개의 상징을 사용하기도 합니다. 어느 것이든 자신의 주제에 맞는 것을 사용해주세요. 새로 개발해 보는 것도 좋겠습니다.

22. 이상한 글씨가 카드에 적혀 있어요. 영어 사전에도 없어요.

타로 카드는 미국에서만 만드는 게 아니랍니다. 원래는 이탈리아에서 처음 제작하였습니다. 때문에 이탈리아어나 프랑스어가 적혀 있는 경우가 많습니다. 사전이 없어서 힘드시다면 한글 메뉴얼이나 알타닷컴(alta.com)의 바벨을 사용해서 찾아 보세요.

23. 카드를 셔플하다가 튕기는 경우, 이 카드는 해석해야 하나요?

초보자의 경우, 카드를 섞다가 튕겨 나오는 경우가 잦기 때문에 해석에 넣지 않습니다. 그러나 같은 카드가 두 번 튕겼다면 읽어 볼 것을 권장합니다.

24. 질문과는 상관없는 카드만 나오는 데 어떻게 해석해야 하나요?

질문과 상관없는 카드가 지속적으로 나온다면 질문에 집중하지 않았거나, 실제로 질문의 내용이 질문자에게 중요한 일이 아닐 경우에 해당합니다. 이럴 경우에는 무더기에서 바닥에 있는 카드나 제일 위에 있는 카드를 한 장 더 뽑아 추가 카드로 읽어 주셔도 좋습니다.

25. 컷이란 말이 메뉴얼에 자주 나오는 데 무슨 뜻인가요?

컷(cut)이란 '자르다' 란 뜻입니다. 즉, 무더기를 나누는 동작입니다. 클래식 타로에서는 무더기를 약간 덜어서 내려놓는 것을 뜻하며, 모던 타로에서는 무더기를 일부 덜어내 180도 회전하여 위에 얹어 놓는 것을 컷이라고 합니다.

26. 초보자는 어려운 타로를 사용하면 안 되나요?

어렵다고 이야기되는 카드들은 카발라의 개념이 들어 있거나, 히브리어 · 점성술 등의 상징들이 들어간 타로입니다. 가끔은 그림체가 강렬한 타로의 경우에도 어렵다고 생각될 수 있습니다. 특별히 카발라나 점성술이 주제인 타로들을 제외한다면, 문제는 없을 것입니다. 이러한 타로의 경우는 사전지식 없이는 해석 자체를 할 수 없는 경우가 많습니다.

27. 타로 카드와 펜듈럼을 같이 사용하는 방법은 어떤 것이 있나요?

기본적으로 펜듈럼을 연습하기 위해서는 '예' 와 '아니오'를 구분할 수 있어야 합니다. 보통은 18번 달 카드와 19번 태양 카드를 놓고 긍정과 부정을 찾아내는 연습을 하게 됩니다. 이때에는 타로 카드가 오히려 펜듈럼을 공부하는 보조 도구가 됩니다. 반대로 타로 카드로 스프레드를 펼친 다음 해석이 애매할 때 사용할 수도 있습니다.

두 가지로 해석을 해두고 어느 것이 맞는지 '예', '아니오'를 물어볼 수 있습니다.

✦ 28. 똑같은 질문으로 이틀 연속 점을 봤는데 완전히 반대의 대답이 나왔습니다. 왜일까요?

질문이 광범위하거나 애정이나 감정과 연관된 문제일 때는 자신의 감정이 뒤바뀌어 있기 때문에 대답이 바뀔 수 있습니다. 애인한테 화가 많이 난 상태에서 정말 헤어질 것인가를 질문했을 때를 예로 들겠습니다. 당연히 흥분한 상태의 스프레드는 '문제가 있으니 헤어져.'라고 나오겠지만, 다음날 마음을 평안히 하고 카드를 펼친다면 전혀 다른 대답이 나올 수 있을 것입니다.

타로 카드는 점을 치는 자세와 감정에 민감하게 반응합니다. 질문자에 해당하는 대답이 아니라, 포천텔러에 해당하는 대답이 나오는 경우도 있습니다. 집중하도록 하세요.

✦ 29. 열 번에 한 번씩은 꼭 나오는 카드들이 있습니다. 셔플할 때 문제가 있는 것인가요?

셔플과는 전혀 연관이 없습니다. 이러한 카드들은 질문자의 다른 부분을 상징하는 카드로서 질문자의 내면 깊은 부분을 상징합니다. 때로는 가장 근접한 문제나 해결해야 할 일을 알려주기 위해 나타나기도 합니다.

30. 정 방향 풀이만 나와 있는 건 역 방향을 허용하지 않는 건가요?

허용하지 않는 것은 아닙니다. 다만, 저자가 역 방향을 만들지 않았다는 것은 그 카드의 구조를 만들 때 역을 고려하지 않고 만들었다는 이야기가 됩니다.

31. 오리샤스 타로(Orishas Tarot) 카드의 공기(air) · 불(fire) · 지구(earth) · 물(water) 등의 슈트는 컵, 소드, 펜타클, 완즈와 직접 대응되나요?

우리나라에 만연되어 있는 가장 큰 문제점은 여러 책을 비교 분석한 정확한 자료보다 유행하는 한두 권의 도서에 의존한다는 현실입니다. 실제로 공기 · 불 · 지구 · 물을, 컵 · 소드 · 펜타클 · 완즈에 대응하는 것은 라이더 웨이트 이후 모던 타로에서 사용하던 방법입니다. 그러나 공기 · 불 · 지구 · 물에 영혼(Spirit)을 추가해 타로 카드를 구성하는 것은 이전의 클래식부터 있어 왔던 전통적인 방법입니다.(50장으로 구성된 만뗴냐도 이러한 구성을 가지고 있습니다.)

즉, 직접 대응하는 방식에 들어맞는다면 해당 타로는 라이더 웨이트의 영향을 받았다고 볼 수 있습니다. 실제로 4대 원소 이론은 타로 카드 이전에 여러 학자들이 많은 문헌을 남겨 놓았고, 그저 타로 카드를 연구하던 신비학자들이 그 부분에 주목하여 이론을 정립한 것이라 생각됩니다.

오리샤스 타로에서는 각각의 속성이 중요한 것이지, 그것을 모던 타로의 틀에 끼워 맞춰 해석하는 것이 중요한 것은 아닙니다. 오리샤스가 아닌 다른 타로 카드도 마찬가지입니다. 특별한 타로 카드를 가진다는 것은 공부를 해야 한다는 것을 의미합니다.

32. 역 방향의 태양 카드와 정 방향의 달 카드가 떨어졌습니다. 이 때는 어떻게 해석을 해야 하나요.?

19번 태양 카드는 질문에 대한 답일 수 있습니다. 그렇다면 뒤에 나온 18번 달 카드는 당연히 보완이나 해설, 부정적인 부분을 말할 것입니다. 같이 떨어졌으니까요. 자, 이어서 생각해 봅시다. 일단 태양 카드는 라이더 타로만 봐도 완벽한 행복입니다. 뒤집어 다시 봐도 완벽함의 카드입니다.

즉, 질문에 대한 답은 긍정이지만 달 카드의 키워드를 생각해 볼 때, 일단 '부정적인 부분이 전혀 없는 것은 아니다.'로 해석하시면 됩니다.

33. 여러 개의 카드를 같이 사용해도 괜찮나요?

대부분의 사람들이 여러 카드를 동시에 사용합니다. 다만 주제가 서로 다른 카드로 같이 점을 보시면 결과가 달리 나오는 경우는 있습니다.

34. 제 카드는 유니버설 카드입니다. 이 카드는 일반적인 타로와는 달리 74장인데(귀족 카드 12장), 더 발전된 형태인가요?

귀족 카드를 황도 12궁에 비교하는 것은 막스 밀러의 소견입니다. 원래 12궁도 10행성은 메이저 카드와 대응되는 게 일반적인 이론입니다. 좋고 나쁘고가 있을 수 없다는 생각이 드네요.

어떤 것이 더 발전된 것이라고 말할 수는 없고, 다만 78장이 일반적이라고는 말씀드릴 수 있습니다. 제가 수집한 타로 중에는 50장이나 22장짜리는 있어도 74장짜리는 막스 밀러의 유니버설 타로 하나뿐입니다.

35. 혹자는 타로 카드를 '하나의 인격체'라 생각하고, 혹자는 단순히 카드일 뿐이라며 인격체로 생각하는 사람들을 이해하지 못합니다.

전 타로 자체를 제 자신의 한 부분으로 봅니다. 즉, 내가 말하고 싶거나 내 자신에게 하고 싶은 말이 타로 카드에 나타난다는 것입니다. 기분을 물어 보거나 이름을 물어보는 것도 마찬가지입니다. 내게 붙여 주고 싶은 다른 이름을 붙인다고 생각해 보세요.

기분 또한 나의 기분이라고 생각해 보면 어떨까요? 드러나지 않는 곳에 자리한 깊은 나의 마음이라고……. 의인화는 좋은 것도 나쁜 것도 아닙니다. 우리는 '영어야, 놀자' 등의 제목을 흔히 사용합니다. 영어는 사람이 아니지요. 물론 같이 놀 수도 없습니다. 그러나 우리가 그런 제목을 사용하는 것은 인류가 전통적으로 물건을 의인화시키는 버릇이 있기 때문입니다. 우리나라의 도깨비도 그 한 예가 됩니다. 오래된 물건에는 '영이 깃든다.' 라고 하지요? 또한 우리의 선조들은 오래된 물건을 처분할 때에도 '그동안 수고했다.' 라고 말해주는 풍습이 있었습니다. 각자가 판단할 문제입니다.

 36. 어떤 카드는 점을 치기에 적합하지 않다고 하는데…….

점술용 카드라……. 그렇게 따진다면 라이더 타로 카드도 클래식 타로보다 적중률이 낮아야 하지 않을까 싶네요. 오라클적인 요소가 보이는 샤먼류의 타로들도 말이 어려워서 그렇지 지나고 보면 잘 맞는답니다.

37. 카드는 점을 친 후 항상 78장의 순서대로 정렬해야 하나요?

그때마다 정렬하지 않으셔도 괜찮습니다. 가끔 한 번씩 정렬하면서 카드 장수가 맞는지 확인하는 정도로도 충분합니다. 비가 오는 날이나 습기찬 날은 꼭 셔플을 해주세요.

38. 타로 카드를 개봉하기 전에 친구로 할지 도구로 할지를 결정해야 된다고 들었습니다.

상관없습니다. 참고로 말씀드리면 히든 카드(Hidden Card)라는 개념이 있습니다. 자기만 치고 아무한테도 안 보여주는 카드지요. 하지만 이 경우에도 타인의 점을 보는 경우가 있습니다.

39. 뱀파이어 타로(Vampire Tarot) 카드의 경우 메이저 카드와 마이너 카드를 같이 놓고 점을 보면 안 좋다고 하는데, 그런가요?

어설프게 마이너 카드까지 쓰느니 차라리 메이저 카드만 보는 것이 낫습니다. 그건 어떤 카드나 마찬가지입니다.(물론 에틸라는 무조건 78장 다 써야 합니다.)

40. 카드의 종이 곽을 책 비닐로 싸서 주머니에 넣어 보관합니다. 그런데 비닐은 곰팡이가 피어 안 좋다고 하는데 그런가요?

장시간 사용하지 않는 경우 비닐로 싸 놓으면 습기 때문에 곰팡이가 생길 수 있습니다. 자주 통풍해 주신다면 문제가 없겠군요.

41. 저는 매번 셔플을 해도 정 방향만 나옵니다. 왜 일까요?

처음 셔플을 시작할 때 반을 덜어서 180도 회전을 시킨 후 셔플을 하셔야 정 · 역이 반반 생기겠죠? 또 이 180도 뒤집기를 섞는 중간 중간에 셔플하면 정 · 역이 계속 섞이게 됩니다.

42. 타로 카드를 수집할 때 너무 많이 모아도 안 좋다는데, 몇 개나 모을 수 있는지요?

이것은 수집가냐 매니아냐 하는 개념의 차이인 것 같습니다. 수집가는 타로 카드 자체에 가치를 두고 수집하는 사람이고, 매니아는 타로 카드가 좋아서 수집하는 사람입니다. 어느 쪽이든 수량의 제한은 없습니다. 다만 매니아라면 한꺼번에 너무 많은 타로 카드를 구입했을 때 그 카드에 대한 내용을 공부하는 데 있어 벅찰 것이라고 생각됩니다.

43. 2개의 다른 타로를 동일한 스프레드로 점을 쳤을 때 동일한 카드가 나오면 해석이 같아지나요?

서로 다른 타로로 같은 스프레드를 펼쳤다고 해서 같은 질문에 대해 똑같은 카드가 나오는 일은 거의 없습니다. 아주 절대적인 질문을 제외하고는 물어보는 시간이 1초가 바뀌더라도 사람의 생각이 바뀌기 때문입니다. 게다가 서로 성격이 다른 타로들은 아주 재미있게도 저자의 시각적인 차이를 그대로 담고 있어 다르게 카드를 내밉니다.

44. 타로에 대한 지나친 인격화가 나쁜 것인지요?

타로의 인격화에는 크게 문제가 되지 않으리라 생각합니다. 어차피 타로 자체를 신탁으로 활용하는 위커(Wicca, 마술 숭배)도 있으니까요. 타로 카드는 자기 자신을 반영합니다. 타로를 아끼는 것으로 자기 자신도 아낄 수 있게 된다면 그만큼 좋은 일이 없지요. 친밀감과는 별도로 재미를 추구하는 방법이 될 수도 있습니다.

타로를 자신보다 높이 생각하는 건 안 좋고, 타로의 성별을 따지는 문제는 자신의 마음속의 성을 드러내는 거라 상관없습니다. 그런 방법으로 성의 정체성을 해결할 수 있다는 것은 프로이트의 책에도 나와 있습니다.

46. 연애 점에서 힘 카드는 우유부단함을 기본으로 '인내하다, 감수하다' 등으로 해석이 된다는 데 정말 그런가요?

라이더 웨이트의 메뉴얼을 그대로 보면 정 방향은 에너지, 행동, 용기, 고결함을 뜻합니다. 역 방향의 경우 독재, 권력에 중독됨, 나약함, 내분 등의 뜻이 있습니다. 유니버설 웨이트의 경우에는 아래와 같습니다.

정 방향의 경우 힘, 용기, 유죄판결, 에너지, 결의, 도전, 저항, 행동, 자신감, 열정, 때론 마음이 일보다 앞서고 일이 마음보다 앞서기도 함, 성취 등을 뜻합니다. 역 방향의 경우 나약함, 시시한, 무기력한, 허약한, 신념의 부족, 힘에 만연되어 있음, 유혹에 넘어가다, 무관심, 냉담의 뜻입니다.

연애라고 봤을 때 '인내하다, 감수하다' 라는 말은 없군요. 오히려 에너지를 가지고 행동하라 쪽이 더 메뉴얼적인 해석이 될 듯합니다.

46. '지금 짝사랑 중인 애를 사귈 수 있을까?' 라는 질문으로 점을 쳤는데 죽음, 세계, 텐 컵, 사탄 카드 순으로 나왔습니다. 이렇게 양극단으로 나왔을 경우 어떻게 해석해야 하나요?

짝사랑은 이제 그만! 죽음, 사탄 카드는 당연히 상대방이 유혹적인 존재라는 것이지요. 시간이 다 되었으니 적극적으로 감정표현을 해보라는 해석이 나오는군요. 이처럼 부정과 긍정이 섞여 있을 때는 부정의 속뜻을 찾아봐야 합니다.

47. 마르세이유 계열과 웨이트 계열은 어떤 차이점이 있나요?

역사를 따져 본다면 라이더 웨이트도 마르세이유에서 비롯된 카드입니다. 비스콘티에서 마르세이유로 가면서 모던 타로의 기초가 확립되었기 때문이지요. 마르세이유 계열이라기보다 클래식을 원하시는 것 같군요. 클래식에는 에틸라든가 비스콘티, 메디발 스카피니 등 여러 가지가 있습니다. 그리고 웨이트 계열이라는 적당하지 않은 말입니다. 웨이트 계열의 모체인 라이더와 그 계열의 타로 카드들의 뜻이 많이 다르기 때문입니다. 굳이 차이를 따진다면 마이너 카드를 어떻게 쓰느냐입니다. 즉 마이너 카드가 메이저 카드와 붙었을 때, 마이너 카드를 독립적인 개체로 쓰느냐에 따라 뜻이 달라지기 때문입니다.

마르세이유를 전문적으로 제대로 배우신 분들은 켈틱 크로스 스프레드에 집착하지 않습니다. 이유는 열 장씩 펼치지 않아도 카드의 조합으로 키워드를 찾을 수 있기 때문입니다. 마르세이유의 오리지널 메뉴얼을 보셨다면 아시겠지만, 마르세이유에는 해석에 일정한 규칙이 있습니다. 당시에는 타로 카드도 해석을 위한 일정한 규칙이 있었습니다.

48. 질문은 어떤 식으로 하나요? 해서는 안 되는 질문이라든가, 대답이 안 나오는 질문은 없나요?

타로 카드로 점을 칠 때는 되도록 1개월 이내의 상황, 짧은 미래, 답변이 한 가지로 나올 수 있는 질문을 하는 것이 좋습니다. 답이 여러 가지로 나올 수 있는 질문, 특히 2개의 대학을 지원했는데 둘 중에 어느 곳이 나을까 같은 질문은, 차라리 한 개씩 따로 점을 치는 것이 좋습니다.

49. 카드를 길들인다고 하는데, 카드가 저를 싫어하면 점을 칠 때 정확한 답이 잘 안 나오나요?

아마 본인이 점을 치기 싫을 때 그렇게 나오지 않을까요? 주인의 컨디션에 가장 민감하게 반응합니다.

50. 뱀파이어 타로는 초보자일 경우, 카드가 주인을 지배한다는 데 그 말이 무슨 뜻인가요?

지배라는 말을 쓰게 되는 상황은 나오는 점괘를 완전히 맹신하는 경우를 말합니다. 어떤 카드가 나오건 자신의 판단은 무시하고 카드대로만 행동하는 것입니다. 오히려 처음 시작하는 분들은 카드를 맹신하지는 않지요. 의문이 있을 뿐…….

부록 ① 타로 카드 슈트 대응표

카드 슈트	펜타클 Pentacle	소드 Sword	컵 Cup	완즈 Wand
4대 원소	지구 Earth	공기 Air	물 Water	불 Fire
방향	북 North	동 East	서 West	남 South
계절	겨울 Winter	봄 Spring	가을 Autumn	여름 Summer
때	한밤 Midnight	새벽 Dawn	황혼 Dusk	정오 Noon
인간에게 필요한 것	법 Law	생명.인생 Life	사랑.자비 Love	지식.광명 Light
신(神)	아도니스 Adonai Ha Aretz	야훼 Yahweh	엘로힘 Elohim	엘 El
천사	우리엘 Auriel	라파엘 Raphael	가브리엘 Gabriel	미카엘 Michael
동물	황소 Bull	인간 Man	독수리 Eagle	사자 Lion
신약성경	누가복음 Luke	마태복음 Matthew	요한복음 John	마가복음 Mark
별자리	황소·처녀·염소	천칭·쌍둥이·물병	전갈·물고기·게	사수·양·사자

부록 ② 나라별 카드 이름 비교표

메이저 카드

No.	English	French	Italian
0	The Fool The Foolish Man	Le Mat Le Fou, Le Fol	Il Matto, Il Folle Il Bagatino,
1	The Magician, The Juggler, The Thimble-rigger, Quarterpenny, The Cups Player, The Mountebank, The Pagad, The Pagat	Le Bateleur, Le Jouer de Gobelets	Il Bagatto, Il Bagatted, Il Bagat, Il Bagotti, Il Bigatto
2	The High Priestess, The Female Pope, The Popess, Junon, Bacchus	La Papesse	La Papessa
3	The Empress	L' Imperatrice	L' Imperatrice
4	The Emperor	L' Empereur	L' Imperadore, L' Imperatore
5	The Hierophant, The Pepe, Jupiter, Spanish Captainiage	Le Pape	Il Papa
6	The Lovers, Marriage	L' amoureux	L' Amore, Gli Amanti, Gli Innamorati

타로 카드 길잡이

No.	English	French	Italian
7	The Chariot	Le Chariot	Il Carro
8	Justice	La Justice	La Giustizia
9	The Hermit, Father Time, The Hunchback	L' Ermite	L' Ermita, Il Gobbo, Il Vecchio, L' Eremita
10	The Wheel of Fortune	La Roun ne Fortune	La Ruota, Rota do fortuna, Ruota della Fortuna, La Fortuna
11	Strength, Force, Fortitude	La Force	La Fortezza, La Forza
12	The Hanged Man, The Hanging Man, The Traitor	La Pendu	Il Penduto, L' Appeso, Il Traditore, L' Impiccato
13	Death	La Mort	Il Morte, Lo Specchio, La Morte
14	Temperance	La Temperance	La Temperanza
15	The Devil	Le Diable	Il Diavolo
16	The Tower, The Lightning Struck Tower, The House of God, The Hospital, The Tower of Babel, Fire of Heaven, The Devil' s House	La Maison de Dieu, Le Foudre	La Casa del Diavolo, La Torre, Il Fucco, La Saetta

No.	English	French	Italian
17	The Star	L' Etoile	La Stelle
18	The Moon	La Lune	La Luna
19	The Sun	Le Solei	Il Sole
20	Judgment, The Lsat Judgment, The Angel	Le Jugement, L' Ange	L' Angelo, Il Guidizio, La Trompete
21	The World, The Universe	Le Monde	Il Mondo

마이너 슈트 카드

English	French	Italian	Corresponding to
Swords	Epées	Spade	Spades
Staves, Wands, Scepters, Batons, Clubs	Batons	Bastoni	Clubs
Cups, Chalices, Goblets	Coupes	Coppe	Hearts
Coins, Money, Pentacles, Circles	Deniers	Denari	Diamonds

마이너 귀족 카드

English	French	Italian
King	Roi	Re
Queen	Reine	Dama
Knight, Horseman	Cavalier	Cavallo
Page, Knave	Valet	Fante